省级教学团队

21世纪高职高专精品教材
财务会计类

U0657021

XINBIAN JICHU KUAIJI SHIXUN JIAOCHENG

# 新编基础会计实训教程

## （第二版）

何爱赟　主审
吴育湘　主编
王泽鹏　副主编

东北财经大学出版社
Dongbei University of Finance & Economics Press

大连

**图书在版编目（CIP）数据**

新编基础会计实训教程／吴育湘主编．—2 版．—大连：东北财经
大学出版社，2014.8
（21 世纪高职高专精品教材·财务会计类）
ISBN 978-7-5654-1623-1

Ⅰ．新…　Ⅱ．吴…　Ⅲ．会计学-高等职业教育-教材　Ⅳ．F230

中国版本图书馆 CIP 数据核字（2014）第 170407 号

东北财经大学出版社出版
（大连市黑石礁尖山街 217 号　邮政编码　116025）
教学支持：（0411）84710309
营 销 部：（0411）84710711
总 编 室：（0411）84710523
网　　址：http：//www.dufep.cn
读者信箱：dufep @ dufe.edu.cn

大连天骄彩色印刷有限公司印刷　　　东北财经大学出版社发行

幅面尺寸：185mm×260mm　　字数：288 千字　　印张：17 3/4　　插页：1
2014 年 8 月第 2 版　　　　　　　2014 年 8 月第 4 次印刷

责任编辑：张旭凤　　　　　　　　　　责任校对：赵　楠
封面设计：冀贵收　　　　　　　　　　版式设计：钟福建

ISBN 978-7-5654-1623-1
定价：30.00 元

# 第二版前言

《新编基础会计实训教程》自 2011 年出版以来，有幸得到了广大读者的厚爱，不胜感激。随着时间的推移，2013 年 1 月 1 日起《小企业会计准则》开始实施，2013 年交通运输业和现代服务业营改增在我国推广试行，对会计核算的影响还是很大的。我们一直主张会计教材内容应与国家的法律法规相适应，以体现其适用性和时效性，因此越来越感到教材内容需要进一步完善，为此，在东北财经大学出版社的统一安排下，我们对《新编基础会计实训教程》进行了修订。

在本次修订工作中，我们广泛听取了专家和使用该教材的高职院校师生的意见和建议，除对原书中的错误和不足进行修改外，还对有关内容进行了调整和补充，具体有以下几个方面：

1. 根据我国有关会计税收法规的变化，对相关实训内容进行了修订。

2. 涉及交通运输业和现代服务业的发票采用了新版发票，并对相关数据进行了修改。

3. 将小企业原采用的科目名称、编码、报表格式改为财政部颁布的于 2013 年 1 月 1 日起开始实施的《小企业会计准则》中的科目名称、编码和报表格式。

4. 为了读者自学便利，此次提供了最新的参考答案。

本次修订仍由湖北财税职业学院吴育湘任主编，武汉软件工程职业学院王泽鹏任副主编，湖北财税职业学院陈利红参编。具体分工如下：单项模拟实训的实训六和实训十由陈利红编写、实训十二由王泽鹏编写，其余均由吴育湘编写。全书由吴育湘总纂定稿。

由于我们水平有限，修订后的《新编基础会计实训教程》仍难免存在缺点和不足，恳请广大读者朋友批评指正。

编　者
2014 年 6 月

# 第一版前言

目前，高职会计专业毕业的学生一般就业于中小型企业的会计、出纳等基层岗位，中小型企业出于对成本的考虑，要求会计专业人员具有较强的动手能力，一上岗便能独立工作，这就要求高职院校需要加强培养学生的知识应用能力，增加实际经验。而在实际工作中，企业的财会部门是各单位的核心部门，涉及企业的商业机密，会计工作的特殊性给学生实习、增加实际经验带来了诸多不便，因此，很多高职院校在校内建立了实训室。编写切合实际的实训教材，让学生通过校内实训增加对会计的感性认识，提高实践技能和操作技能，成为了一条极为重要的途径。为了很好地满足会计实训教学的需要，我们组织编写了这本教材。

本书主编和副主编都是有着20多年会计教学工作经验的教师，同时多年在会计师事务所、企业从事会计、审计工作，也具有较为丰富的实际工作经验。本书融合了作者多年的会计理论教学和实践经验，在编写上尤为考虑了高职院校初学会计的学生对社会经济知识缺乏感性认识的特点，十分注重教材内容的实用性。

本书包括三个部分：第一部分讲述了基础会计实训的目的、要求、考核方式及课时安排。第二部分是单项模拟实训，共分12个实训项目，每个实训项目都是一种会计方法和技能的训练。同时，这部分内容在资料的设计上注意了内容的衔接，如根据原始凭证编制记账凭证，根据该套资料登记日记账、登记明细账、编制科目汇总表、登记总账，进而编制财务报表，最后装订凭证，不但有助于学生掌握会计核算的基本方法，还使其对会计的账、证、表之间的关系产生更加深刻的感性认识。第三部分是综合模拟实训，主要目的是对会计核算方法进行全面而系统的训练。

我们力求使本教材在以下6方面有些特色：

1. 重视原始凭证的填制。对于初学会计的学生来说，对各种原始票据的认知和填制是他们入门最关键的部分，同时也是他们最薄弱的环节。本书在实训指导中详细说明了主要原始凭证各联次的作用和传递程序，以及填制方法，并对在经济生活中经常要涉及的原始凭证，给出样本进行实训，具有较强的仿真性和实用性。

2. 注重会计基本方法的实训。我们适当降低了会计业务的难度，重视实际会计业务处理流程，如建账、原始凭证的填制与审核、记账凭证的填制与审核、账簿的登记、报表的编制、会计资料的整理与装订等，使学生在学习基础会计的理论知识后，通过实训，尽快掌握会计处理的基本技能和方法，为后续专业课程的学习和毕业后上岗打下良好的基础。

3. 包含实训指导内容。为了方便学生更好地掌握实训知识，弥补有些实训教材指导不够全面的不足，我们在每个单项实训中都增加了实训指导内容，使教、学、做相结合，体现了教学过程的实践性和开放性，突出了高职教学对学生职业能力培养的要求。

4. 账簿登记全面。在单项实训资料的设计上，要求学生登记日记账、明细账、总账，尤其是明细账的登记相对全面，包括了三栏金额式、数量金额式、多栏式、横线式等明细账的登记，使学生通过实训掌握各种账簿的登记。

5. 带有小贴士。小贴士是对基础会计学习中一些常识性问题所做的适当补充，如收据与发票、假发票的识别等，有利于学生拓宽知识面，提高处理会计实际业务的能力。

6. 可作为会计电算化实训资料。本书单项实训和综合实训资料分别适用于我国执行企业会计准则和小企业会计制度的企业，给出了科目余额和编码及会计业务，有利于财务软件初始建账，以及利用财务软件对会计业务进行账务处理，学校可将此套资料应用于电算化实训中，使手工实训与电算化实训相结合。

本书是团队智慧的结晶，由湖北财税职业学院吴育湘主编，湖北财税职业学院何爱赟主审，武汉软件工程职业学院王泽鹏任副主编，湖北财税职业学院陈利红参编。具体分工如下：第二篇单项模拟实训的实训六、实训十由陈利红编写，实训十二由王泽鹏编写，其余均由吴育湘编写，最后由吴育湘负责全书的总纂和定稿。

在本书编写过程中，武汉金马凯旋家居有限公司财务总监谢静红提供了许多宝贵的意见，武汉大学方政负责了大量单据制作的细致工作，湖北财税职业学院的领导、老师、学生也在不同方面和层次上给予了我们许多帮助和支持，在此一并表示衷心的感谢！

本书可作为高职院校财经管理类专业学生基础会计实训教材，也可作为财会人员上岗前的培训用书，还可供企事业单位各层次管理人员阅读或参考。由于作者水平有限，书中难免有不足之处，恳请读者批评指正。

编　者

2011 年 6 月

# 目　录

# 第一篇　　基础会计实训概述

## 一、实训目的

基础会计模拟实训，主要是利用适当的模拟实训资料，通过校内模拟实训室、课堂等场所对学生进行会计核算方法的模拟训练，使学生掌握会计凭证的填制和审核、账簿的登记以及财务报表的编制等专门的会计核算方法，进一步熟悉会计账务处理程序，培养学生的实际动手能力和实际操作技能，为今后从事会计工作打下良好的基础。

（一）巩固学习内容，掌握会计核算的基本方法

通过各项实训，要求学生做到：

（1）掌握出纳的基本业务。了解出纳的基本工作流程，掌握各种银行票据的用途及填制方法。

（2）能根据企业情况建账。了解企业建账的基本方法。

（3）学会填制和审核会计凭证。了解会计凭证的作用、传递程序、填制和审核方法。

（4）学会编制记账凭证。能依据审核无误的原始凭证或原始凭证汇总表编制收款凭证、付款凭证、转账凭证或通用记账凭证，并能够通过编制的记账凭证编制科目汇总表，为登记账簿做准备。

（5）学会登记各种类型的账簿。能够依据审核无误的记账凭证和所附的原始凭证登记库存现金日记账、银行存款日记账和各种类型的明细账，依据编制的科目汇总表，登记总账，并对账、结账和更正错账。

（6）学会编制财务报表。能够根据账簿资料编制资产负债表和利润表。

（7）掌握会计资料的装订和会计资料的保管方法。掌握会计凭证的整理、粘贴、装订等基本技能和会计资料的保管方法。

（二）加深对会计专业知识的理解和认识，提高对所学专业的兴趣

在基本掌握会计核算中证、账、表的编制技能和审核方法的基础上，再对照理论教材的学习，坚持把所学的会计基本原理和基本方法与锻炼具体会计核算操作的实训结合起来，坚持理论联系实际，从而加深对会计专业的认识，提高对所学专业的兴趣，为进一步学习后续会计专业课程打下基础。

（三）培养学生严谨的工作态度和积极认真的工作作风

在开展实训时，学生是在专业老师选定的实训教材和相关资料下进行实训的，无论是会计凭证的填制，还是账簿的登记，以及财务报表的编制等各个实训环节，都要求严格按照《会计人员工作规范》的有关规定，用正式的证、账、表进行操作，使学生充分体会到会计作为一项精细化工作，必须认真严谨，具有高度的责任感，来不得丝毫马虎，从而培养学生严谨的工作态度，积极认真的工作作风。

（四）通过实际操作，培养和提高学生处理会计业务的能力

通过模拟实训，培养学生处理会计业务的能力，使学生比较系统地练习企业会计核算的基本程序和具体操作方法，加强对会计理论的理解、基本方法的运用和基本技能的训练，达到理论知识与会计实务的统一，提高动手能力，为今后毕业后顺利走上工作岗位，缩短"适应期"打下扎实的基础。

## 二、实训内容

基础会计实训分为单项模拟实训和综合模拟实训。

基础会计单项模拟实训是以理论教材的章节或者技能模块为实训单位，在某一章节或某一模块理论授课内容结束后，组织学生对该部分内容进行实训。单项实训要求与理论教学同步进行，边讲边练，讲练结合，即在基础理论知识讲授完之后，及时让学生运用基本理论去处理具体的问题。比如在讲会计凭证、账簿时，应把学生带到会计模拟实验室看看什么是原始凭证、记账凭证及账簿，并让学生亲自动手填制原始凭证、编制记账凭证、登记账簿，以此来巩固所学的理论知识，使学生们把书本知识转化为实际操作技能，激发他们学习的兴趣。

基础会计综合模拟实训是在会计核算方法全部讲授完后，采用适当的记账凭证账务处理程序，对会计核算的全过程进行操作训练。包括原始凭证的填制和审核，记账凭证的填制、审核和传递，现金和银行存款等一些简单的会计核算业务，初步了解和掌握会计账簿的登记和财务报表的编制方法。

基础会计单项模拟实训包括：

1. 企业建账
2. 原始凭证的填制与审核
3. 记账凭证的填制与审核
4. 科目汇总表的编制
5. 各种账簿的登记
6. 银行存款余额调节表的编制
7. 错账的更正
8. 财务报表的编制
9. 会计资料的装订

基础会计综合模拟实训的主要内容是利用实训企业一个月的经济业务及相关资料，采用记账凭证账务处理程序，根据仿真的原始凭证编制记账凭证，登记账簿，编制财务报表。

## 三、模拟实训要求

（一）建立模拟实训室

进行基础会计模拟实训，应建立会计模拟实训室。在模拟实训室的布置上，应模拟真实财务部门的布置，四面墙上是有关的财务制度规定，出纳、会计、财务主管等的岗位职责，会计核算程序图等，办公室的摆放应模拟实际的财会部门，同时，办公桌上摆放的印台、印章、算盘及凭证、账本、会计报表要一一俱全，使学生仿佛走进真实企业的财会部门。另外，应配备专职人员负责实训室的管理工作。

（二）对会计实训教师的要求

为保证会计实训教学正常开展，学生在进行实训时必须配备实训教师或专业指导教师。会计实训教师或专业指导教师负责组织和安排会计实训，指导学生按照实训教学计划进行实训教学工作，使会计实训教学活动正常、顺利、有序地开展。

会计实训教师应聘请有丰富实际工作经验的一线会计专业人员担任兼职教师，或由校内具有实际会计工作经验的"双师型"教师担任，他们可以让学生学到最直接、最适用的会计专业知识，提高学生的实际操作技能。

对会计实训教师的要求：

（1）具备扎实的专业理论知识功底。

（2）熟悉国家法规，特别要熟悉《中华人民共和国会计法》、《企业会计准则》和经济法、税法以及国家统一的会计制度。

（3）具有丰富的会计实际工作经验。

（4）爱岗敬业、工作责任心强。

（三）对学生的要求

学生是开展会计实训的主体，对其要求是：

（1）必须掌握该项会计实训所应掌握的理论知识。

（2）熟悉会计基础操作规范的各项要求。

（3）熟悉《会计人员工作规范》、《中华人民共和国会计法》、《企业会计准则》和国家统一的会计制度。

（4）遵守实训室规则和要求。

（5）服从实训教师的管理，按照实训教师的要求和教学进度按时完成实训并撰写实训报告。

（6）积极思考，勤学好问，按时出勤。

（四）制订实训教学计划

为了提高实训课的教学效果，在每学期初应制订实训课学期教学计划，实训课学期教学计划应包括实训目的、要求、方法、内容、实施步骤、时间安排和考试考核办法等方面的内容。实训教学计划由教研室讨论制订，实训指导教师具体贯彻执行。

（五）做好实训前的准备和实训后的总结

实训课前，指导教师必须认真做好准备工作，检查仪器设备、材料是否完备，认真检查安全设施，确保实验实训安全。初次指导实训者，必须进行试讲、试做、经实验实训室主任或有关领导认可后方可上岗。

实训结束后任课教师应要求学生认真总结实训经验，填写实训报告。实训报告经任课教师批改后交与实训室管理员保存。实训教师每学期实训结束后将实训教案或讲义、技能考核方案和标准、考核原始记录、记分册、实训记录、典型作品、经验总结等交实训处存档。

## 四、实训的考核办法

（一）考核方式

实训成绩单独考核。实训成绩的考核分为优、良、中、及格和不及格五个等级。

（二）考核项目及评分标准

**考核项目及评分标准**

| 考核项目 | 考核内容 | 考核成绩 | 备注 |
|---|---|---|---|
| 实训态度 | 出勤、实训完成进度、独立思考 | 20% | |
| 会计凭证的填制与审核 | 应按照规定的标准填制、审核原始凭证和记账凭证<br>1. 原始凭证和记账凭证的填写要素应齐全<br>2. 摘要应清晰、符合规范<br>3. 错误的会计凭证应按照规定方法更正 | 30% | |
| 账簿登记 | 应按照规定的标准建账、登记总账、明细账和日记账并对账和结账<br>1. 账簿登记应规范<br>2. 账账、账证、账表应相符<br>3. 不得涂改、挖、擦、刮、补<br>4. 错账应按规定的方法更正 | 25% | |
| 会计报表 | 应按照规定的要求编制资产负债表和利润表<br>1. 资产负债表左右两边必须平衡<br>2. 利润表各项目应存在一定的钩稽关系 | 10% | 实训成绩的考核分为优、良、中、及格、不及格五个等级 |
| 科目汇总表 | 应按照规定填写科目汇总表<br>1. 三张科目汇总表齐全<br>2. 每张科目汇总表的借贷方金额合计数相等；其他项目填写正确 | 5% | |
| 银行对账 | 应按照相关要求进行对账<br>1. 按照规定方法对账，作出标记<br>2. 找出未达账项并编制银行存款余额调节表 | 5% | |
| 会计资料的装订 | 应按照规定装订会计资料<br>1. 会计凭证的装订应整齐美观<br>2. 其他会计资料的装订应符合规范，不得遗漏<br>3. 撰写不少于 2 000 字的实训报告 | 5% | |

## 五、课时安排表

**课时安排表**

| 序号 | 实训内容 | 课时安排 |
|---|---|---|
| 第一篇 | 基础会计实训概述 | 2 |
| 第二篇 | 单项模拟实训 | |
| 模块一 | 建账 | |
| 实训一 | 账簿的建立 | 2 |
| 模块二 | 原始凭证 | |

| 序号 | 实训内容 | 课时安排 |
|---|---|---|
| 实训二 | 原始凭证的填制 | 8 |
| 实训三 | 原始凭证的审核 | 2 |
| **模块三** | **记账凭证** | |
| 实训四 | 记账凭证的填制与审核 | 8 |
| **模块四** | **账簿** | |
| 实训五 | 日记账的登记 | 2 |
| 实训六 | 银行存款对账业务 | 2 |
| 实训七 | 明细分类账簿的登记 | 6 |
| 实训八 | 科目汇总表的编制 | 2 |
| 实训九 | 总分类账簿的登记 | 2 |
| 实训十 | 错账的更正 | 2 |
| **模块五** | **财务报表** | |
| 实训十一 | 财务报表的编制 | 2 |
| **模块六** | **会计资料的保管** | |
| 实训十二 | 会计资料的保管和实训报告的撰写 | 2 |
| | | 合计：42 |
| 第三篇 | 综合模拟实训 | 可根据实训时间安排选做 |

### 小贴士：会计工作岗位设置

会计工作岗位，是指一个会计机构内部根据业务分工而设置的职能岗位，每个企业、事业、行政机关等单位，都要根据实际需要设置会计工作岗位，配备一定数量的会计人员。

一般来说，会计工作岗位的设置应与单位规模的大小、业务的繁简程度相适应。单位规模较大，业务较复杂的单位可以设置会计机构负责人或会计主管人员、出纳、财产物资核算、工资核算、成本费用核算、财务成果核算、资金核算、往来核算、总账报表、稽核、档案管理等财务岗位，岗位的设置可以一人一岗，一人多岗或者多岗一人，但出纳人员不得兼管稽核、会计档案保管和收入、费用、债权债务账目的登记工作。单位规模较小或业务量较少的单位可以只设一个会计、一个出纳，但会计、出纳岗位不得由一人担任。目前我国会计机构基本工作岗位主要有出纳、会计、会计主管等。

出纳员岗位职责：负责现金的收付和保管、支票等票据的签发以及银行结算业务，负责涉及现金、银行存款业务收付款凭证的编制，负责库存现金、银行存款日记账的登记，按期与银行对账，按月编制银行存款余额调节表，随时处理未达账项、负责单位工资的发放。

会计岗位职责：负责编制转账凭证和有关的原始凭证、记账凭证的审核，相关明细账的登记，成本的核算，财产清查及业务的账务处理，会计期末的对账和结账工作。

　　会计主管岗位职责：负责初始建账时会计科目的设置，审核各类账证，编制科目汇总表，登记总账，编制财务报表，进行财务分析，负责协调财务科各种业务关系。

第二篇　　　　单项模拟实训

# 企业基本情况

（一）企业概况

企业名称：江城食品有限公司

地址：江城市扬子江路特1号　电话：027—85851234

注册资本：1 200 000 元

企业性质：有限责任公司

纳税人识别号：420107757250065

经营范围：扬子江系列饼干

所需原材料：面粉、食糖、奶油、巧克力等

开户银行（基本户）：中国建设银行长江支行（以下简称建行长江支行）

账号：200535687

纳税银行（社保和公积金账号）：中国工商银行江汉路支行（以下简称工行江汉支行）

账号：200723564

有关人员：

法人代表（厂长）：刘星

财务主管：张月荣　　　　　记账会计：王铭　　　　　出纳：程小灵

销售部开票：李娟　　　　　仓库保管员：吴慧　　　　办税员：王铭

（二）企业财务制度有关规定和说明

（1）原材料日常采用实际成本法核算，设置"在途物资"账户（按单位设明细账），材料购入时发生的运杂费按运输费的11%抵扣，材料采购费用按采购材料重量比例分配，仓库进行数量明细核算，财务部门进行数量、金额核算，材料发出实际成本于月终根据"领料单"汇总编制"原材料发出汇总表"采用先进先出法一次结转。

（2）"生产成本"按产品品种设明细账，同时设置"制造费用"核算间接费用（电费计入车间制造费用），在月终按产品数量分配。

（3）库存商品收发核算按实际成本计价，本月入库产品根据"产品成本计算单"结转，本月发出产品的实际成本按加权平均法计算，发出产品的实际成本于月终根据"产品销售成本计算表"一次结转。

（4）会计核算。

①适用会计核算制度：企业会计准则。

②企业记账凭证格式采用收款凭证、付款凭证、转账凭证，按月分别按收款凭证、付款凭证、转账凭证顺序编号。

③会计核算程序采用科目汇总表核算形式，每 10 天汇总一次，根据科目汇总表登记总账。

（5）纳税及社保费用。

该企业为增值税一般纳税人，销售时可使用增值税专用发票和增值税普通发票，增值税税率 17%，城建税按流转税额的 7% 计算缴纳，教育费附加按流转税额的 3% 计算缴纳，个人所得税按税法规定计算，所有税款在每月月末计算，下月缴纳。

社保费用包括养老保险、医疗保险、失业保险、工伤保险、生育保险和住房公积金，由单位和个人按工资基数的一定比例承担，单位负担养老保险、医疗保险、失业保险、工伤保险、生育保险的比例分别为：20%、8%、2%、0.5%、0.7%，个人承担养老保险、医疗保险、失业保险的比例分别为 8%、2%、1%，住房公积金企业和职工个人各承担 10%，各种社保费用于每月月末计算，下月缴纳，该企业社保费用工资基数为当地月人均工资 1 200 元。

（6）其他。

①该企业借支差旅费和报销必须有厂长签字，财务主管复核，该企业出差火车票、汽车票实报实销，住宿费每天报销标准为 150 元，伙食费每天补助 30 元，交通费每天补助 20 元。

②计算时要求精确到小数点后两位。

# 模块一　　　　建　账

## 一、实训目的

通过本实训，使学生能根据企业情况建立账簿体系，掌握建账的基本程序、基本方法，明确建账与记账凭证、账簿之间的关系。

## 二、实训指导

建账就是建立账簿体系，根据企业具体要求和将来可能发生的会计业务情况，购置所需要的账簿，登记各账户的期初余额，为进一步进行账务处理做准备。单位年初开始新一年度的会计核算或单位新成立均需要建账。建账时要依企业规模、经济业务的繁简程度、会计人员多少、采用核算形式及电子化程度来确定。一般一个企业至少应设置 4 种账册，包括库存现金日记账、银行存款日记账、总分类账和明细分类账。除此之外，企业还可根据需要建立辅助性备查账簿，如应收票据登记簿、租入固定资产登记簿、代管商品登记簿等账簿。

（一）建账的基本程序

不论是年初建账还是新建企业建账，其基本程序有：

1. 启用账簿

启用会计账簿时，应填写"账簿启用表"。每本账簿扉页均附有"账簿启用表"，内容包括单位名称、账簿名称、账簿号码、账簿页数、启用日期、单位负责人、单位主管、财务负责人、会计机构负责人、会计主管人员等。启用账簿时，应填写表内各项内容，并在单位名称处加盖公章、各负责人姓名后加盖人名章。记账人员或者会计机构负责人、会计主管人员调动工作时，应当注明交接日期、接办人员或者监交人员姓名，并由交接双方人员签名或者盖章。

2. 建立账簿体系

（1）建立总账。

一切独立核算的企业必须设置总账。企业可根据业务量的多少购买一本或几本总分类账（一般情况下无需一个科目设一本总账）。总账科目的设置以《企业会计准则——应用指南》或《小企业会计制度》中规定的会计科目为依据，根据企业需要适当增加或减少科目，以方便企业进行会计核算、加强管理为原则，原则上讲，只要是企业业务涉及的科目就要有相应的总账账簿与之对应，实行电算化核算的企业必须使用规定的会计科目编码，以利于进行电算化核算。

总账一般采用订本式账簿，账页一般选用三栏式账页，由"科目"、"日期"、"凭证号数"、"摘要"、"借方"、"贷方"、"借或贷"、"余额"等栏目组成。

对于有期初余额的总分类账户，在建账时应登记期初余额。应根据相关资料登记账户记录，在该账户账页的第一行"日期"栏填入期初的日期，在"摘要"栏填上"期初余额"（年度更换新账簿时填入"上年结转"），在"借或贷"栏标明余额的方向，在"余额"栏填入账户的期初余额。对于没有期初余额的总分类账户，只在相应的账页写下账户的名称，无需特别标明其余额为零。如果一本总账账簿上开设有多个账户，在第一个账户开设后，开设第二个账户时，应根据业务量的多少预留一定的账页，以利于业务的连续登记，又不至于浪费账页，开设更多账户时，依此类推。

（2）建立日记账。

日记账是用来逐日、逐笔、连续记录经济业务的账簿，设置和登记日记账，可以了解和掌握单位库存现金、银行存款每日收、支和结存的情况并及时核对，以保证货币资金的安全。日记账应采用订本式账簿，常用的账页格式为三栏式。其中，银行存款日记账应按企业在银行开立的账户和币种开设账户，库存现金日记账按现金币种分别开设账户。

建立库存现金日记账和银行存款日记账首先要根据有关资料登记"期初余额"。

（3）建立明细账。

明细分类账簿一般采用活页式账簿，有三栏金额式、三栏数量金额式、多栏式、横线式等多种账页格式，相同格式的账页在年末结账后要装订成本。由于活页账可以在使用过程中根据需要增减账页，以及对账页的顺序进行调整，因此，设置明细分类账不用给每一明细账户预留账页，可以先在相关账簿中设置出有期初余额的明细账户，对于没有余额的明细账，可暂时不设，待日常处理中用到时再行设置。

①三栏金额式明细账。

三栏金额式明细账的格式与三栏式总账相同，也使用"借方"、"贷方"、"余额"三栏式账页，适用于只需要进行金额核算，不需进行实物数量核算的账户。如应收账款、应付账款、短期借款、实收资本等账户。

②三栏数量金额式明细账。

三栏数量金额式明细账账页也采用"借方"、"贷方"、"结存"三栏式的基本格式，但在每栏下面又分别设置"数量"、"单价"、"金额"3个小栏目。这种格式适用于既要进行金额核算又要进行具体实物数量核算的各种财产物资类账户的核算，如原材料、库存商品、周转材料等账户。

登记三栏数量金额式明细账期初余额时，在该账户账页的第一行除了登记"日期"、"摘要"外，在"结存"栏要登记期初"数量"、"单价"、"金额"。

③多栏式明细账。

多栏式明细账是根据经济业务特点和经营管理的需要，在借方、贷方或其中某一方增设若干栏目，用以记录某一会计科目所属的各明细科目的内容。具体分为借方多栏式、贷方多栏式和借贷多栏式。

借方多栏式明细分类账的账页格式适用于借方需要设多个明细科目或明细项目的账户，一般适用于成本、费用类科目的明细核算，如管理费用、生产成本、制造费用、销售费用等明细分类账。

贷方多栏式明细分类账的账页格式适用于贷方需要设多个明细科目或明细项目的账户，如产品销售收入、其他业务收入、营业外收入等科目的明细分类核算。

借贷方多栏式明细账，在账页中设置借方、贷方和余额三个栏目，同时在借、贷方栏内按照明细项目分设专栏。如应交税费——应交增值税明细账，借方设置"进项税额"、

"已交税金"、"转出未交税金"等栏目、贷方设置"销项税额"、"进项税额转出"、"转出多交税金"等栏目。借贷方多栏式明细分类账的账页格式适用于借方贷方均需要设多个明细科目或明细项目的账户，如本年利润明细分类账也可设借贷方多栏式明细账核算。

借方多栏式、贷方多栏式明细账在建账时一般没有余额，只填写账户名称，如果有余额如生产成本等账户，应在建账时登记期初余额，将生产成本的期初总成本填入"合计"栏，在各小项"直接材料"、"直接人工"、"制造费用"栏中填入各成本构成项目期初金额。

借贷多栏式明细账如果有期初余额，应在该账户的第一行登记"日期"、"摘要"，在"借或贷"栏标明"借"或"贷"记账的方向，并登记余额。

建立多栏式明细账还应注意对各明细项目的设置，要根据企业经济业务量的大小和经济管理的需要开设明细项目，一般而言，应按项目发生的频繁程度从左到右填写，其中主要项目单独反映，非主要的或比较零碎的项目可以合并反映，记入"其他"栏。如管理费用明细账下设招待费、差旅费、职工薪酬、办公费等项目，在最后栏目设置"其他"栏。

④横线登记式明细账。

横线登记式明细账采用平行式账页，其特点是将前后密切相关的经济业务，如材料付款和收款业务，在同一横格内进行登记，以检查每笔业务的完成及变动情况。该种明细账适用于在途物资、其他应收款等账户的明细分类核算。

建账时，如果上期有未完成经济业务（如同一行有借方金额无贷方金额或借方金额大于贷方金额），应将上期金额抄录到新建账页上。

3. 建立账户目录

由于一本账簿登记多个账户，为方便查找每个账户的登记情况，应建立账户目录，账户目录用于记明每个账户的科目编号、名称和页次。

总账账簿是订本式账簿，在各账页中预先印有连续编号，在所有总分类账户设置完后，应在账簿启用页后的"账户目录表"中填写各账户的科目编号、名称及起始页码。

使用活页式账簿，应当定期装订成册，装订后再按实际使用的账页顺序编定页码，并填写账户目录，记明每个账户的科目编号、名称和页次。

4. 粘贴口取纸

为了加快查阅和登记账目的速度，除了建立账户目录外，还可在账页的右侧粘贴口取纸，口取纸并非必需，但它可以帮助会计人员迅速找到某一账户在账簿的位置。口取纸通常分红、蓝两种颜色，会计人员可根据习惯赋予其一定的意义，如红色代表资产类、成本类账户，蓝色代表负债类或所有者权益类账户，也可以只使用一种颜色的口取纸。

使用口取纸应注意粘贴方法，首先将会计科目名称写在口取纸上，待墨迹干后，将它揭下，粘贴至该账户的第一张账页右侧，每张口取纸所粘贴的位置不同，有的靠上，有的靠下，从上到下，使其形成规则的锯齿形为最佳，这样，既整洁美观，又一目了然，便于查找。口取纸虽有查找的作用，但它不能取代账页上方的账户名称。否则，口取纸一旦掉落，会给工作带来不便。

（二）建账的基本方法

1. 一般企业年初建账的基本方法

实际工作中，年初，并不是单位所有的账簿都需要重新建立，单位哪些账簿需要重建或更换，哪些账簿不用重建，可以继续使用，存在一定的规律。

（1）年初，新建账簿主要有：①总账；②日记账，日记账包括现金日记账和银行存款日记账等；③三栏式明细账，如实收资本明细账、短期借款明细账、长期借款明细账、资本公积明细账等；④收入、费用（损益类）等多栏式明细账。上述账簿必须每年更换一次，也就是在年初重新建账。

建立新账，开设账户后，对有余额的账户，要将上年该账户的余额，直接抄入新账户所开第一页的首行，也就是直接"过账"。在"日期"栏内，写上"1月1日"，在摘要栏内注明"上年结转"或"年初余额"字样，不必填制记账凭证。对于无余额的成本类、损益类账户要根据企业实际需要开设项目。

（2）跨年使用的账簿有：①卡片式账簿，如固定资产卡片等；②数量金额式明细账，如材料明细账、库存商品明细账等；③备查账，如租入固定资产备查账，受托加工材料物资备查账等；④债权债务明细账（也称为往来明细账），一些单位债权债务较多，如果更换一次新账，抄写一遍的工作量较大，可以跨年使用，不必每年更换。

2. 新建单位建账的方法

新建单位建账的时间是单位会计人员走马上任的时间，它不一定是在年初。此时，财务会计部门建账时，并没有上下年结转之类的会计处理业务，而是把企业筹建过程发生的经济业务不断反映在账簿之中，并在单位有了业务活动或收入后，才转为单位正常会计核算方式。因此，新建单位的建账过程分为两个阶段：一是筹建阶段的建账；二是转为营业阶段（开展业务活动阶段）的建账。

（1）筹建阶段的建账。

实际工作中，会计人员的上岗与单位筹建不能同步，特别是中小企业，要等到单位筹建到一定阶段，管理人员才聘请会计专业人员进行会计核算活动，才想到把有关的原始凭证转到会计人员手里，要求建账。

由于单位筹建一般要经过投资（验资）、取得资质（如饭店经营必须取得卫生许可证等）、申请工商营业执照和税务登记证、银行开户等诸多步骤，单位会计人员基本上也是围绕上述活动建账和进行会计核算。

会计人员建账时，首先将取得的筹建单位的原始凭证进行审核，并将这些原始凭证按取得或填制时间整理排序，编制记账凭证，然后根据记账凭证涉及的会计科目在总账账簿中开设账户，根据实际需要开设总账、日记账和明细账。由于在单位筹建阶段没有营业活动，或甚少发生业务收入，因此，如果单位属于企业，则企业应将发生的不形成财产价值的费用、支出，计入"长期待摊费用"账户，先不开设"管理费用"、"财务费用"等期间费用账户。其他总账账户，可根据经济业务发生情况预设账户，留足一定数量的总账账页。同时，由于明细账账簿是活页的，可以随时抽换，所以，根据记账凭证涉及的明细账户开设明细账时，应根据实际发生的经济业务在明细账账簿里开设。

但应注意如果单位采用会计电算化建账，应该熟悉原始凭证后先建账（包括所建总账和明细账），后编制记账凭证，否则，会计人员无法在菜单（计算机给出的记账凭证）

里填制会计科目（尤其是明细科目）。

（2）单位转为正常业务活动时的建账。

单位办齐有关证件，才能发生经营收入，单位有了正常的经营收入后的当月，按照会计制度，企业应将"长期待摊费用"账户归集的费用一次转入"管理费用"账户。同时，企业应建立"财务费用"账户和"销售费用"（小企业建"营业费用"）账户。当然，企业是否将"管理费用"账户、"财务费用"账户和"销售费用"账户全部建齐，应根据单位性质、发生经济业务情况而定。比如，小型商品流通企业可以不设置"管理费用"账户，而将"管理费用"账户并入"营业费用"账户核算；小型制造企业也可以不设置"生产成本"账户和"制造费用"账户，而把二者合并成一个账户，同时会计人员要建立损益类等账户，以核算收入和成本。

3. 会计电算化企业如何建账

会计电算化企业必须通过账务处理软件系统处理会计业务，账务处理软件系统是会计电算化软件系统的核心模块，要使账务处理软件能够正常运行，必须首先完成系统的初始化，也就是建账。

系统初始化是账务处理软件在正式投入使用之前所作的初始设置。在系统初始化之前，会计科目还没有设立，前期各科目的余额和发生额也无法输入，所以系统初始化是账务处理软件正式使用之前必经的首要步骤。系统软件的初始化也是账务软件使用中的一次性工作，系统初始化过程中设定的会计科目编码结构及一些参数在结束建账后无法修改，系统初始化的质量对账务软件的质量和工作的效率将产生直接的影响，所以系统软件的初始化设置是非常重要的，要做好系统初始化工作，必须做好以下工作：

（1）做好数据收集工作。

系统初始化需要收集手工账中的会计科目和各科目的余额，如从年度中间开始建账还需要收集各科目的累计发生额、年初余额，所以需预先从手工账中整理出各级科目的名称、层次、余额、发生额。在此要注意完整地收集最底层明细科目的余额、发生额，避免遗漏，以保证初始化时输入数据准确、顺利。

（2）设立适当的科目编码。

系统初始化时要将收集到的会计科目加入账务系统，建立账务系统的会计科目体系。在电算化账务系统中除了像手工账务一样要使用会计科目外，还要为每一个会计科目加入一个适当的编码。

目前我国财政部颁布的《企业会计准则——应用指南》和《小企业会计准则》中公布的会计科目中已给出了总账科目的科目编码，企业可根据实际经营情况和管理要求设定二级或三级科目编码。设定的前提是必须要保证编码的唯一性，必须符合财政部门制定的会计制度中的有关规定，以保证科目编码的系统性和统一性。

**小贴士：会计科目编码**

会计科目编码是指现行会计制度对会计科目规定的编码，企业会计业务采用电子计算机核算之后，由于计算机只认识编码，不认识会计科目名称，因此，对于会计科目必须全面编码。为了保证会计科目编码的系统性和统一性，目前我国对一级会计科目编码做出了规定，按照财政部2006年颁布的《企业会计准则——应用指南》的规定，一级会计科目编码一般采用四位纯数字表示，其中：第一位数字（即千位）表示会计科目的类别，其中 1 表示资产类，2 表示负债类，3 表示共同类，4 表示所有者权益类，5 表示成本类，6 表示损益类；第二位数字（即百位）可以划分大类下面的小类；剩余两位数字为流水号。为便于会计科目的增减，一般情况下，编码要考虑到未来的扩展性，在编码间，留有一定的间隔。二级科目和三级科目编码，根据企业业务多少和经营管理的需要，由企业自己确定，二级科目编码可以设定为六位，其中前四位为一级科目的代码，后两位为流水号。例如，银行存款（一级编码为 1002）下根据银行的不同，设置多个二级科目，诸如"中国建设银行"、"中国工商银行"、"中国农业银行"等等，则可分别编码为：

100201 银行存款——中国建设银行

100202 银行存款——中国工商银行

100203 银行存款——中国农业银行

应注意，无论一级科目、二级科目、三级科目编码如何设置，其前提都必须要保证编码的唯一性。因此，为了确保会计科目编码的唯一性，数据保存时的检验工作必不可少。

## 三、实训资料

2014 年 1 月 1 日，江城食品有限公司有关账户余额如下表：

# 总分类账户和明细分类账户期初余额表

日期：2014 年 1 月 1 日                                          单位：元

| 科目编码 | 账户名称 | 期初余额 | | | | 账页格式 |
| | | 借方 | | 贷方 | | |
| | | 总账 | 明细账 | 总账 | 明细账 | |
| 1001 | 库存现金 | 12 030 | 12 030 | | | 三栏式日记账 |
| 1002 | 银行存款 | 457 800 | | | | 三栏式 |
| 100201 | ——中国建设银行 | | 296 720 | | | 日记账 |
| 100202 | ——中国工商银行 | | 161 080 | | | 日记账 |
| 1012 | 其他货币资金 | | | | | 三栏式 |
| 1122 | 应收账款 | 180 000 | | | | 三栏式 |
| 112201 | ——黄河食品公司 | | 180 000 | | | 三栏式 |
| 1221 | 其他应收款 | | | | | 三栏式 |
| 122101 | ——苏军 | | | | | 横线式 |
| 1402 | 在途物资 | 15 000 | | | | 三栏式 |
| 140201 | ——江州市纸箱厂 | | 15 000 | | | 横线式 |
| 140202 | ——江城面粉厂 | | | | | 横线式 |
| 140203 | ——江河食品有限公司 | | | | | 横线式 |
| 1403 | 原材料 | 110 600 | | | | 三栏式 |
| 140301 | ——面粉 | | 25 000 | | | 数量金额式 |
| 140302 | ——食糖 | | 56 500 | | | 数量金额式 |
| 140303 | ——巧克力 | | 29 100 | | | 数量金额式 |
| 1405 | 库存商品 | 850 566 | | | | 三栏式 |
| 140501 | ——葱油饼干 | | 567 990 | | | 数量金额式 |
| 140502 | ——巧克力饼干 | | 282 576 | | | 数量金额式 |
| 1411 | 周转材料 | | | | | 三栏式 |
| 1601 | 固定资产 | 789 936.4 | 789 936.4 | | | 三栏式 |
| 1602 | 累计折旧 | | | 52 000 | 52 000 | 三栏式 |
| 2001 | 短期借款 | | | 300 000 | 300 000 | 三栏式 |
| 2201 | 应付票据 | | | 140 400 | | 三栏式 |
| 220101 | ——黄河面粉厂 | | | | 140 400 | 三栏式 |
| 220102 | ——东风汽车公司 | | | | | 三栏式 |

| 科目编码 | 账户名称 | 期初余额 | | | | 账页格式 |
|---|---|---|---|---|---|---|
| | | 借方 | | 贷方 | | |
| | | 总账 | 明细账 | 总账 | 明细账 | |
| 2202 | 应付账款 | | | 292 500 | | 三栏式 |
| 220201 | ——黄河面粉厂 | | | | 292 500 | 三栏式 |
| 220202 | ——江城市纸箱厂 | | | | | 三栏式 |
| 2211 | 应付职工薪酬 | | | 22 742.4 | | 三栏式 |
| 221101 | ——工资 | | | | | 三栏式 |
| 221102 | ——职工福利 | | | | | 三栏式 |
| 221103 | ——社会保险费 | | | | 17 222.4 | 三栏式 |
| 221104 | ——住房公积金 | | | | 5 520 | 三栏式 |
| 2221 | 应交税费 | | | 56 088 | | 三栏式 |
| 222101 | ——应交增值税 | | | | | 多栏式 |
| 22210101 | ——应交增值税——进项税额 | | | | | 多栏式 |
| 22210102 | ——应交增值税——转出未交税金 | | | | | 多栏式 |
| 22210103 | ——应交增值税——销项税额 | | | | | 多栏式 |
| 222102 | ——未交增值税 | | | | 50 000 | 三栏式 |
| 222103 | ——应交城建税 | | | | 3 500 | 三栏式 |
| 222104 | ——应交教育费附加 | | | | 1 500 | 三栏式 |
| 222105 | ——应交个人所得税 | | | | 1 088 | 三栏式 |
| 2241 | 其他应付款 | | | 11 592 | | 三栏式 |
| 224101 | ——社会保险费 | | | | 6 072 | 三栏式 |
| 224102 | ——住房公积金 | | | | 5 520 | 三栏式 |
| 3001 | 实收资本 | | | 1 200 000 | 1 200 000 | 三栏式 |
| 3101 | 盈余公积 | | | 259 480 | 259 480 | 三栏式 |
| 3103 | 本年利润 | | | | | 三栏式 |
| 3104 | 利润分配 | | | 81 130 | 81 130 | 三栏式 |
| 4001 | 生产成本 | | | | | 三栏式 |
| 400101 | ——葱油饼干 | | | | | 多栏式 |
| 400102 | ——巧克力饼干 | | | | | 多栏式 |
| 4101 | 制造费用 | | | | | 三栏式 |
| 5001 | 主营业务收入 | | | | | 三栏式 |

| 科目编码 | 账户名称 | 期初余额 | | | | 账页格式 |
|---|---|---|---|---|---|---|
| | | 借方 | | 贷方 | | |
| | | 总账 | 明细账 | 总账 | 明细账 | |
| 5051 | 其他业务收入 | | | | | 三栏式 |
| 5401 | 主营业务成本 | | | | | 三栏式 |
| 5402 | 其他业务成本 | | | | | 三栏式 |
| 5403 | 营业税金及附加 | | | | | |
| 5601 | 销售费用 | | | | | 三栏式 |
| 5602 | 管理费用 | | | | | 三栏式 |
| 560201 | ——工资 | | | | | 多栏式 |
| 560202 | ——职工福利 | | | | | 多栏式 |
| 560203 | ——差旅费 | | | | | 多栏式 |
| 560204 | ——办公费 | | | | | 多栏式 |
| 560205 | ——折旧 | | | | | 多栏式 |
| 5603 | 财务费用 | | | | | 三栏式 |
| 5711 | 营业外支出 | | | | | 三栏式 |
| | 合计 | 2 415 932.4 | 2 415 932.4 | 2 415 932.4 | 2 415 932.4 | |

## "原材料"明细账期初余额

| 材料名称 | 计量单位 | 单价（元/千克） | 数量 | 金额（元） |
|---|---|---|---|---|
| 面粉 | 千克 | 5 | 5 000 | 25 000 |
| 食糖 | 千克 | 12.5 | 4 520 | 56 500 |
| 巧克力 | 千克 | 100 | 291 | 29 100 |
| 合计 | | | | 110 600 |

## "库存商品"明细账期初余额

| 商品名称 | 计量单位 | 单位成本（元/箱） | 数量 | 金额（元） |
|---|---|---|---|---|
| 葱油饼干 | 箱 | 30 | 18 933 | 567 990 |
| 巧克力饼干 | 箱 | 42 | 6 728 | 282 576 |
| 合计 | | | | 850 566 |

注：实训时，为简化核算手续，除初始建账时所设明细账外，其余涉及科目均只设总账科目，不设明细科目。

（1）填写"账簿启用表"。

（2）根据实训企业的有关资料开设总账、库存现金日记账、银行存款日记账、三栏金额式明细账、三栏数量金额式明细账、多栏式明细账、横线式明细账。

（3）根据账户期初余额登记各总分类账簿和明细分类账簿的期初余额。

**五、实训用具**

账簿启用表1张，总分类账账页30张，日记账账页3张，数量金额式明细账账页5张，三栏金额式明细账账页11张，借方多栏式明细账账页3张，借贷方多栏式明细账账页1张，横线式明细账账页4张。

## 账簿启用表

| 单位名称 | | | 单位公章 |
|---|---|---|---|
| 账簿编号 | 字第　　号　第　　册，共　　册 | | |
| 账簿页数 | 本账簿共计　　页　号 | | |
| 启用日期 | 年　　月　　日 | | |

| 经管人员 | | 接管 | | 移交 | | 会计负责人 | | 备注 |
|---|---|---|---|---|---|---|---|---|
| 姓名 | 盖章 | 年 月 日 | | 年 月 日 | | 姓名 | 盖章 | |
| | | | | | | | | |
| | | | | | | | | |
| | | | | | | | | |
| | | | | | | | | |

## 总　分　类　账　　　　　　1

科目＿＿＿＿编码（　　　）＿＿＿＿年度

| 年 | | 凭证编号 | 摘　要 | 对方科目编码 | 借　方 | 贷　方 | 借或贷 | 余　额 |
|---|---|---|---|---|---|---|---|---|
| 月 | 日 | | | | 千百十万千百十元角分 | 千百十万千百十元角分 | | 千百十万千百十元角分 |
| | | | | | | | | |
| | | | | | | | | |
| | | | | | | | | |

## 库 存 现 金 日 记 账　　1

| 年 | | 凭证编号 | 摘　要 | 对方科目编码 | 借　方 | | | | | | | | | √ | 贷　方 | | | | | | | | | √ | 余　额 | | | | | | | | |
|---|---|---|---|---|---|---|---|---|---|---|---|---|---|---|---|---|---|---|---|---|---|---|---|---|---|---|---|---|---|---|---|---|---|---|
| 月 | 日 | | | | 千 | 百 | 十 | 万 | 千 | 百 | 十 | 元 | 角 | 分 | | 千 | 百 | 十 | 万 | 千 | 百 | 十 | 元 | 角 | 分 | | 千 | 百 | 十 | 万 | 千 | 百 | 十 | 元 | 角 | 分 |
| | | | | | | | | | | | | | | | | | | | | | | | | | | | | | | | | | | | |
| | | | | | | | | | | | | | | | | | | | | | | | | | | | | | | | | | | | |
| | | | | | | | | | | | | | | | | | | | | | | | | | | | | | | | | | | | |
| | | | | | | | | | | | | | | | | | | | | | | | | | | | | | | | | | | | |
| | | | | | | | | | | | | | | | | | | | | | | | | | | | | | | | | | | | |
| | | | | | | | | | | | | | | | | | | | | | | | | | | | | | | | | | | | |
| | | | | | | | | | | | | | | | | | | | | | | | | | | | | | | | | | | | |
| | | | | | | | | | | | | | | | | | | | | | | | | | | | | | | | | | | | |
| | | | | | | | | | | | | | | | | | | | | | | | | | | | | | | | | | | | |

## 银 行 存 款 日 记 账　　1

| 年 | | 凭证编号 | 结算方式 | | 摘　要 | 借　方 | | | | | | | | | √ | 贷　方 | | | | | | | | | √ | 余　额 | | | | | | | | |
|---|---|---|---|---|---|---|---|---|---|---|---|---|---|---|---|---|---|---|---|---|---|---|---|---|---|---|---|---|---|---|---|---|---|---|
| 月 | 日 | | 类 | 号码 | | 千 | 百 | 十 | 万 | 千 | 百 | 十 | 元 | 角 | 分 | 千 | 百 | 十 | 万 | 千 | 百 | 十 | 元 | 角 | 分 | 千 | 百 | 十 | 万 | 千 | 百 | 十 | 元 | 角 | 分 |
| | | | | | | | | | | | | | | | | | | | | | | | | | | | | | | | | | | | |
| | | | | | | | | | | | | | | | | | | | | | | | | | | | | | | | | | | | |
| | | | | | | | | | | | | | | | | | | | | | | | | | | | | | | | | | | | |
| | | | | | | | | | | | | | | | | | | | | | | | | | | | | | | | | | | | |
| | | | | | | | | | | | | | | | | | | | | | | | | | | | | | | | | | | | |
| | | | | | | | | | | | | | | | | | | | | | | | | | | | | | | | | | | | |
| | | | | | | | | | | | | | | | | | | | | | | | | | | | | | | | | | | | |

# 明细账

科目_____编码（　　　）　　　　　　　_____年度

| 年 | | 凭证号数 | 摘　要 | 对方科目 | 借　方 | | | | | | | | | 贷　方 | | | | | | | | | 借或贷 | 余　额 | | | | | | | | |
|---|---|---|---|---|---|---|---|---|---|---|---|---|---|---|---|---|---|---|---|---|---|---|---|---|---|---|---|---|---|---|---|---|
| 月 | 日 | | | | 千 | 百 | 十 | 万 | 千 | 百 | 十 | 元 | 角 | 分 | 千 | 百 | 十 | 万 | 千 | 百 | 十 | 元 | 角 | 分 | | 千 | 百 | 十 | 万 | 千 | 百 | 十 | 元 | 角 | 分 |
| | | | | | | | | | | | | | | | | | | | | | | | | | | | | | | | | | | | |
| | | | | | | | | | | | | | | | | | | | | | | | | | | | | | | | | | | | |
| | | | | | | | | | | | | | | | | | | | | | | | | | | | | | | | | | | | |
| | | | | | | | | | | | | | | | | | | | | | | | | | | | | | | | | | | | |
| | | | | | | | | | | | | | | | | | | | | | | | | | | | | | | | | | | | |
| | | | | | | | | | | | | | | | | | | | | | | | | | | | | | | | | | | | |

# 明细账

科目_____编码（　　　）　　　　　　_____年度　　　　　　　　名称及规格：

存储地点：　　　　最高存量：　　　　最低存量：　　　　计量单位：　　　　　　　第　　页

| 年 | | 凭证号数 | 摘　要 | 收　入 | | 金额 | | | | | | | | | 发　出 | | 金额 | | | | | | | | | 结　存 | | 金额 | | | | | | | | |
|---|---|---|---|---|---|---|---|---|---|---|---|---|---|---|---|---|---|---|---|---|---|---|---|---|---|---|---|---|---|---|---|---|---|---|---|
| 月 | 日 | | | 数量 | 单价 | 千 | 百 | 十 | 万 | 千 | 百 | 十 | 元 | 角 | 分 | 数量 | 单价 | 千 | 百 | 十 | 万 | 千 | 百 | 十 | 元 | 角 | 分 | 数量 | 单价 | 千 | 百 | 十 | 万 | 千 | 百 | 十 | 元 | 角 | 分 |
| | | | | | | | | | | | | | | | | | | | | | | | | | | | | | | | | | | | |
| | | | | | | | | | | | | | | | | | | | | | | | | | | | | | | | | | | | |
| | | | | | | | | | | | | | | | | | | | | | | | | | | | | | | | | | | | |
| | | | | | | | | | | | | | | | | | | | | | | | | | | | | | | | | | | | |
| | | | | | | | | | | | | | | | | | | | | | | | | | | | | | | | | | | | |
| | | | | | | | | | | | | | | | | | | | | | | | | | | | | | | | | | | | |
| | | | | | | | | | | | | | | | | | | | | | | | | | | | | | | | | | | | |
| | | | | | | | | | | | | | | | | | | | | | | | | | | | | | | | | | | | |

# 明细账

____年度

科目_____ 编码_____ （ ）

| 年 | | 凭证 | | 摘要 | （ ）方发生额 | | | | | | 合计 |
|---|---|---|---|---|---|---|---|---|---|---|---|
| 月 | 日 | 种类 | 编号 | | 明细项目一 | 明细项目二 | 明细项目三 | 明细项目四 | … | | |
| | | | | | 千百十万千百十元角分 | 千百十万千百十元角分 | 千百十万千百十元角分 | 千百十万千百十元角分 | | | 千百十万千百十元角分 |

# 应交税费——应交增值税明细账

____年度

科目_____ 编码_____ （ ）

| 年 | | 凭证 | | 摘要 | 借方 | | | | 贷方 | | | | | 借或贷 | 余额 |
|---|---|---|---|---|---|---|---|---|---|---|---|---|---|---|---|
| 月 | 日 | 字 | 号 | | 进项税额 | 已交税金 | 转出未交增值税 | 合计 | 销项税额 | 进项税额转出 | 转出多交增值税 | 其他 | 合计 | | |
| | | | | | 千百十万千百十元角分 | 千百十万千百十元角分 | 千百十万千百十元角分 | 千百十万千百十元角分 | 千百十万千百十元角分 | 千百十万千百十元角分 | 千百十万千百十元角分 | 千百十万千百十元角分 | 千百十万千百十元角分 | 借贷 | 千百十万千百十元角分 |

# 明细账

科目_____编码（　　　）　_____年度

| 户名 | 借　方 | | | | | | | | | | | | | | | 贷　方 | | | | | | | | | | | | | | |
|---|---|---|---|---|---|---|---|---|---|---|---|---|---|---|---|---|---|---|---|---|---|---|---|---|---|---|---|---|---|---|
| | 年 | | 凭证号数 | 摘　要 | 金　额 | | | | | | | | | | | 年 | | 凭证号数 | 摘　要 | 金　额 | | | | | | | | | | |
| | 月 | 日 | | | 千 | 百 | 十 | 万 | 千 | 百 | 十 | 元 | 角 | 分 | 月 | 日 | | | 千 | 百 | 十 | 万 | 千 | 百 | 十 | 元 | 角 | 分 |
| | | | | | | | | | | | | | | | | | | | | | | | | | | | | | | |
| | | | | | | | | | | | | | | | | | | | | | | | | | | | | | | |
| | | | | | | | | | | | | | | | | | | | | | | | | | | | | | | |
| | | | | | | | | | | | | | | | | | | | | | | | | | | | | | | |

# 模块二　　原始凭证

## 实训二　原始凭证的填制

### 一、实训目的

通过原始凭证填制模拟实训，使学生亲身感受到原始凭证应具备的基本要素，了解各类经济业务所用的原始凭证的种类、格式、基本内容及传递程序，掌握主要原始凭证的填制方法。

### 二、实训指导

（一）原始凭证填制的一般要求

1. 原始凭证的基本内容

原始凭证的基本内容包括凭证的名称，填制凭证日期，凭证编号，接受凭证单位或个人的名称，经济业务内容摘要，经济业务所涉及物品的名称、数量、单价和金额（大小写），以及填制单位名称及盖章、经办人员的签名及盖章。

2. 特殊情况下的原始凭证应当符合下列附加条件

（1）从外单位取得的原始凭证，应当有出具企业的财务专用章或发票专用章或现金收（付）讫章，同时应有开票或收（付）款人员的名章；对外开出的原始凭证，应当加盖本企业财务专用章或发票专用章和现金收（付）讫章，同时应有开票或收（付）款人员的名章。个人出具的凭证必须签名或加盖名章。自制的原始凭证必须有经办单位领导人或者其指定人员的签名或盖章。

（2）凡填有大写和小写金额的原始凭证，大写金额与小写金额必须相等；购买实物的原始凭证必须有验收证明，支付款项的原始凭证，必须有收款单位和收款人的收款证明。

（3）一式几联的原始凭证，应当注明各联的用途，只能以一联作为报销凭证。一式几联的发票和收据，必须用双面复写纸套写（发票或收据本身具备复写功能的除外），并连续编号。原始凭证作废时应当加盖"作废"戳记，连同存根一起保存，不得撕毁。

（4）对外销货退回的，除按规定填制红字发票外，还应当有退货验收证明，退款时，必须取得对方的收款收据或汇款银行的凭证，不得以退货发票代替收据。

（5）职工因公外出的借款凭证，必须附在记账凭证之后，收回借款时，应当另开收据或退还借据副本，不得退回原借款收据。

（6）经上级有关部门批准的经济业务，应当将批准文件作为原始凭证的附件，如果批准文件需要单独归档，应当在凭证上注明批准机关名称、日期和文件号。

3. 原始凭证的更正和丢失

原始凭证在开具时若发生书写错误，应按照规定的方法更正或重开，更正处应当加盖出具单位印章，原始凭证不得随意涂改、刮擦、挖补。原始凭证金额填写错误，不能在凭证上面更改，需加盖"作废"戳记，妥善保管，由出具单位重新填开。

如果遇有原始凭证丢失，应取得签发单位加盖印章的书面证明，证明中应列明原始凭证的号码、金额、经济内容，由经办单位会计机构负责人和单位负责人批准后，才能代替原始凭证，对于无法取得证明的原始凭证，如车票、船票、飞机票等，应由当事人写明详细情况，由经办单位会计机构负责人和单位负责人批准后，方可作为原始凭证。

4. 原始凭证的书写规范

原始凭证书写必须清晰、工整，不得潦草。具体要求如下：

（1）原始凭证的书写要求使用蓝、黑墨水，用钢笔或专用财经用笔书写，文字应清楚，易于辨认，按国家公布的标准汉字书写，不得臆造文字或用简写汉字。金额数字不得随笔连写，合计金额前应加写货币币种符号或货币名称的简写，货币名称与金额数字之间不得留有空白。金额计算要准确无误，大小写金额保持一致。同时使用两种文字进行会计记录时，两种文字应当分上、下书写在同一行内，一般中文应当书写在上方。

（2）汉字大写数字金额，如壹、贰、叁、肆、伍、陆、柒、捌、玖、拾、佰、仟、万、亿等，一律用正楷或行书体书写，不得以一、二、三、四等代替，原始凭证大写数字金额到"元"或者"角"为止的，在"元"或"角"之后应当写"整"字或"正"字，大写金额数字有"分"的，"分"字后面不写"整"字或"正"字。

（3）阿拉伯数字金额中间有"0"时，大写要写"零"字，阿拉伯数字金额中间连续有几个"0"时，汉字大写金额中可以只写一个"零"字，阿拉伯数字金额元位是"0"，或者数字中间连续有几个"0"，元位也是"0"，但角位不是"0"时，汉字大写金额可以只写一个"零"字，也可以不写"零"字。

（4）银行票据的出票日期应使用中文大写，在填写月、日时，月为壹至玖和壹拾的，日为壹至玖和壹拾、贰拾和叁拾的，应在其前面加"零"，日为拾壹至拾玖的，应在其前加"壹"。

（二）各种原始凭证的填制方法

1. 发票的填制

发票是指在购销商品、提供或者接受服务以及从事其他经营活动中，开具、收取的收付款凭证。现行税制发票分为增值税专用发票和普通发票两大类。

（1）增值税专用发票。

增值税专用发票是增值税一般纳税人销售货物或者提供应税劳务开具的发票，是购买方支付增值税额可按照增值税有关规定据以抵扣增值税销项税额的凭证。一般纳税人在税法规定的范围内才能开具增值税专用发票，目前我国要求一般纳税人通过增值税防伪税控系统开具增值税专用发票（即机开票）。

增值税专用发票一般由销售单位派专人管理和开具，其联次一般为三联，第一联为记账联，为销售方销售后作为记账凭证的依据。第二联为抵扣联，是购买方报送主管税务机关认证，用以抵扣进项税额的依据。第三联为发票联，是购买方用以核算采购成本和增值税进项税额的记账依据。

开票日期按公历用阿拉伯数字填写，应填写填开发票的当日，购货单位和销货单位名称必须填写全称，地址、电话号码不得省略，纳税人识别号填写税务机关核发的15位数字的纳税人识别号，"开户行和账号"分别填写购货单位和销货单位的开户行名称及账号。

①"货物及应税劳务名称"栏可填写商品规格、型号、劳务种类等，不同商品或劳务名称应分别填写，一般来说，一张发票只能录入同一种税率的商品，如果销售货物或应税劳务的品种较多，一张发票开具不完的，应按税率不同分别开具《销货清单》，在清单中结出所有商品的合计金额和税额，应注意，每张发票只能按同一种税率填写一份销货清单，不得再开具其他商品。

②"金额"栏应填写不含税的销售额，在票面上反映为数量乘单价所得的积，"金额"合计栏应填写本份发票所填开的不含税销售额之和，"计量单位"、"数量"、"单价"的合计栏可不填写。

③"税率"栏应填写依税收法规所确定的税率，"税率"合计栏不用填写，"税额"的合计栏应填写"金额"乘税率所得的积，"税额合计"应填写本份发票税额的合计。

④"价税合计"栏填写金额合计与税额合计之和，并用汉字大写数字填写。"¥"码后用阿拉伯数字填写价税合计数。

⑤"收款单位"栏由收款人（开票人）签字或盖章，姓名不得省略。"销货单位"栏加盖在税务机关发票发售部门预留印鉴的"发票专用章"、"财务专用章"，发票联和抵扣联必须加盖印章才有效，记账联可不用加盖。

## ××增值税专用发票

发票联

No 03965326

开票日期：2014 年 4 月 10 日

| 购买方 | 名　　　　称：黄河副食品有限公司<br>纳税人识别号：104256987693268<br>地址 、电话：黄河市解放大道 15 号　0715-6879658<br>开户行及账号：工行解放路支行　200356789 | | | | | | 密码区 | 略 |
|---|---|---|---|---|---|---|---|---|
| 货物或应税劳务、服务名称 | 规格型号 | 单位 | 数量 | 单价 | 金额 | 税率 | 税额 |
| 夹心饼干 | | 箱 | 300 | 35.00 | 10 500.00 | 17% | 1 785.00 |
| 葱油饼干 | | 箱 | 100 | 40.00 | 4 000.00 | 17% | 680.00 |
| 合计 | | | | | 14 500.00 | | 2 465.00 |
| 价税合计（大写） | | 壹万陆仟玖佰陆拾伍元整 | | | | （小写）¥16 965.00 | |
| 销售方 | 名　　　　称：江城食品有限公司<br>纳税人识别号：420107757250065<br>地址 、电话：江城市扬子江路特 1 号　027-85851234<br>开户行及账号：建行长江支行　200535687 | | | | | | 备注 | |

第三联：发票联 购买方记账凭证

收款人：程小灵　　复核：王铭　　开票人：李娟　　销售方：

（2）普通发票。

普通发票是指使用增值税专用发票抵扣销项税额以外的纳税人开具的发票。

一般纳税人可开具增值税专用发票和普通发票，小规模纳税人只能开具普通发票，普

33

通发票和专用发票均可机开，少数普通发票可手写。以下为手写普通发票的填写方法。

普通发票通常由销售企业的出纳人员或由企业派专人开具，其联次一般为三联，第一联为存根联，为销售单位开具发票后用于存档留存，第二联为发票联，是购买方用以核算采购成本的记账依据，第三联为记账联，为销售单位销售后作为记账凭证的依据。全部联次按发票编码顺序用双面复写纸手写一次性套写完成，不得分开开具。

普通发票应填写的内容：客户名称、商品名称或经销项目、计算单位、数量、单价、大小金额、开票人、开票日期等。

“金额”栏应填写含增值税的销售额，在票面上反映为数量乘单价所得的积，“金额”合计栏应填写本份发票所填开的含增值税销售额之和。

普通发票发票联应加盖的印章：开具发票单位的发票专用章或财务专用章；经办人签名或加盖经办人名章。

销售单位因为销货退回或发生商品折扣和折让，应按照规定开具红字增值税专用发票或红字普通发票。

**××省增值税普通发票**

发票联

发票代码：242011071753

发票号码：00985628

购货单位：方华明　　　　2014 年 4 月 15 日

| 品号及规格 | 货物或劳务名称 | 单位 | 数量 | 单价 | 金额 千 | 百 | 十 | 元 | 角 | 分 |
|---|---|---|---|---|---|---|---|---|---|---|
| | 葱油饼干 | 箱 | 10 | 46.8 | | 4 | 6 | 8 | 0 | 0 |
| | | | | | | | | | | |
| 合计 | | | | | ¥ | 4 | 6 | 8 | 0 | 0 |
| 金额（大写）零仟肆佰陆拾捌元零角零分 | | | | （小写）¥468.00 | | | | | | |
| 备注： | | | | | | | | | | |

第二联 付款方报销凭证

420107757250065

开票单位盖章　　复核人：王铭　　收款人：程小灵　　开票人：李娟

2. 收据的填制

收据是企业经常使用的经济凭据之一，当企业因相关业务而收取租金、押金、罚金、赔款以及收到投资方的投资款时，都需要开具收据。

收据一般由单位的出纳人员开具，其联次一般为三联，第一联为存根联，为收款单位收款后开具存档，第二联为收据联，为付款人回去报销和记账的依据，第三联为记账联，为收款单位记账的依据。全部联次应一次性套写完成，并加盖开具单位的财务专用章和收款人名章。

收据应填写的内容：收据日期；交款人名称；收受款项事由；收受款项的大写和小写金额。

收据应加盖的印章：开具收据单位的财务专用章；经办人签名和盖章。

# 收  据

2014 年 4 月 15 日                                      第    号

| 今收到 | 张梅 | | |
|---|---|---|---|
| 人民币：（大写）贰佰元整 | | | （小写）¥200.00 |
| 事由：服装押金 | | 现金 | √ |
| | | 支票第    号 | |
| 收款单位 | 财务主管 | 张月荣 | 收款人：程小灵 |

第三联 收据

（盖章：江城食品有限公司财务专用章）

3. 借款单的填制

借款单是企业经常使用的经济凭证之一。当企业内部有关部门和人员办理相关业务，需要取得单位借款时都需要填制借款单。

借款单一般是由企业和经办人填写并签字，单位主管或经理负责人签批，经财会部门审核后方可支取现金或开具支票。借款单有一联式和两联式（一联借据存财会部门作为凭单附件，另一联由借款人存查）。职工公出借款凭据，必须附在记账凭证之后。收回借款时，应另开收据或者退还借据副本，不得退还原借据收据。

# 借支单

2014 年 4 月 10 日                                      部门：销售部

| 借支人姓名 | 章明 | | 职务 | | 业务员 |
|---|---|---|---|---|---|
| 借支事由 | 外出开会借支差旅费 | | | | |
| 借款金额 | 人民币（大写）贰仟元整 | | | | （小写）¥2 000.00 |
| 核准 | 刘星 | 复核 | 张月荣 | 出纳 | 程小灵 | 借支人 | 章明 |

4. 费用报销单的填制

企业职工因差旅费、医药费、交通费、电话费等报销应填制费用报销单。

费用报销单为单联式，由职工自己填写，一次书写完成。不同的费用应填制不同的费用报销单，如报销差旅费时填写"差旅费报销单"，报销医药费时填写"医药费报销单"，报销其他费用（如市内交通费、办公费、业务招待费）时，填写普通报销单。

费用报销单后应粘附各类费用发票，归类填写。报销标准、比例及各项补助应按有关规定计算填写，出差补助报销天数按自然天数计算。有附件的原始凭证，应当在原始凭证上注明附件的自然张数，原始凭证的有效金额与附件的有效金额应相等。

费用报销单必须经单位主管或经理负责人签批，经财会部门审核后方可报销。

# 差旅费报销单

2014 年 5 月 15 日              单位：元

出差人：章明                     事由：参加会议

| 起止时间地点 | | | | | | 交通费 | | | 出差补贴 | | | | | 其他 | |
|---|---|---|---|---|---|---|---|---|---|---|---|---|---|---|---|
| 月 | 日 | 起点 | 月 | 日 | 终点 | 交通工具 | 单据张数 | 金额 | 项目 | 人数 | 天数 | 补贴标准 | 金额 | 住宿费 | 附单据4张 |
| 4 | 3 | 江城 | 4 | 4 | 苏州 | 火车 | 1 | 125 | 伙食 | 1 | 10 | 30 | 300 | 1 120 | |
| 4 | 11 | 苏州 | 4 | 12 | 江城 | 火车 | 1 | 125 | | | | | | | |
| | | | | | | | | | | | | | | | |
| | | | | | | | | | | | | | | | |
| | | | | | | | | | | | | | | | |
| 合计：（大写）壹仟陆佰柒拾元整 | | | | | | （小写）¥1 670.00 | | | 预支旅费：2 000 | | | 退回金额：330 | | | |
| | | | | | | | | | | | | 补偿金额： | | | |

财务主管：张月荣         核准：刘星         报销人：章明

5. 银行票据的填制

单位之间的款项收付可以采用银行票据结算，按我国票据法的规定，票据指支票、银行汇票、商业汇票、银行本票。

（1）支票的填制。

支票是企业经常使用的经济凭证。当企业因购买商品、接受服务或其他事项，需要支付给同城或同一票据交换中心的其他单位或个人款项时，可以签发支票。

支票分现金支票和转账支票，现金支票用于提取现金，转账支票用于转账。

支票一般由单位的出纳人员开具，分为两联，第一联为存根联，由开具单位开出支票后作付款凭证记账，第二联为正联，由开具单位开出交给收款人用于到银行提取款项或到银行办理转账手续，也可以由开具单位到银行提取现金或到银行办理转账手续。

支票正联的"出票日期"必须使用中文大写。

"收款人"应填写收款人单位的全称或个人姓名，现金支票可写本单位的全称。"付款行名称和账号"应写签发单位（付款单位）的开户行全称和账号。

大小写金额应一致，小写金额前面应加上货币符号如人民币"¥"。

"用途"栏，现金支票一般填"提现"、"差旅费"、"办公费"等，转账支票一般填"货款"、"往来款"等。

"出票人签章"应盖有签发人在银行预留的印鉴，包括签发人全称的财务专用章和法人代表的人名章。

　　持票人持现金支票正联到银行提取现金时，应在现金支票的背面加盖出票人单位的财务专用章和法人章，现金支票开给个人的背面可不盖章，但应在现金支票的背面填写个人身份证号码，凭身份证到银行办理提现手续。

　　持票人持转账支票正联到银行办理转账手续时，收款人应在转账支票背面，"被背书人"栏填写收款人开户银行名称，"背书人签章"栏写上"委托收款"字样，并盖上收款人财务专用章和法人章，同时填制一式三联的"银行进账单"委托银行办理转账手续（俗称顺进账）。如果持票人为付款人则转账支票不用背书，可直接填制一式三联的"银行进账单"，连同支票一起到银行办理转账手续（俗称倒进账），银行将付款人款项划拨到收款人账户后，将盖章后的"银行进账单"第三联（收账通知）退回给收款人凭以记账。

　　转账支票在同一票据交换区内可以背书转让，如果持票人将支票转让给第三人，则在支票背面"被背书人"栏填写第三人单位全称，在"背书人签章"栏盖上收款人单位财务专用章和法人章，并填上背书日期，将背书后的支票交给第三人，由第三人到银行办理转账手续。

| 中国建设银行 现金支票存根 GS56895623 | | 中国建设银行　现金支票　GS56895623 |
|---|---|---|
| 附加信息 | 本支票付款期限十天 | 出票日期（大写）贰零壹肆年零肆月壹拾贰日　付款行名称：建行长江支行 |
| 出票日期 2014 年 4 月 12 日 | | 收款人：江城食品有限公司　出票人账号：200535687 |
| 收款人：江城食品有限公司 | | 人民币（大写）壹万贰仟贰佰元整　亿千百十万千百十元角分　¥1220000 |
| 金额：12 200.00 | | 用途：提现 |
| 用途：提现 | | 上列款项请从我账户内支付　出票人签章　复核　记账 |
| 单位主管：　会计： | | |

现金支票背面

| 附加信息： | | （粘贴单处） |
|---|---|---|
| | 收款人签章 2014 年 4 月 12 日 | |
| | 身份证件名称　发证机关 | |
| | 号码 | |

（2）银行汇票的填制。

银行汇票是申请人向银行提出申请，由银行签发，由申请人持往异地采购货物或支付款项的票据。

银行汇票是在银行同意申请人的申请后，由出票行签发，一般为四联。第一联为卡片，由出票行签发后留存备查，第二联为汇票联，由银行用压数机压印出票金额后交给申请人，第三联为解讫通知，申请人在使用银行汇票结算时，应将汇票第二联和解讫通知一起交给收款人，第四联为多余款项通知。

银行汇票出票日期应大写，付款期限为1个月。

收款人、申请人、出票行、账号和地址应填写齐全，备注栏可填写款项的用途或不得转让等需要注明的事项。填写的银行汇票经复核无误后，在第二联（银行汇票正联）上加盖出票银行的汇票专用章和由其授权的经办人的签名或盖章。

"出票金额"栏为出票银行事先用压数机压印出的金额，"实际结算金额"栏由收款人交易结算款项时填写，"多余款项"栏应是票面金额与实际金额的差额。未填明实际结算金额和多余金额或实际结算金额超过出票金额的，银行不予受理。

签发转账银行汇票，可不填写代理付款人名称和行号。

申请人持票到异地采购货物或支付款项时，将汇票及解讫通知一起交给收款人，收款人收到汇票和解讫通知后，应按实际金额（实际金额应不超过汇票金额）填写汇票和解讫通知，同时填制银行进账单到银行办理进账，并将多余款项退回申请人账户。

| 付款期限 壹个月 | 中国建设银行银行汇票 | | 2 | No 568978 第 号 | ② 此联代理付款行付款后做联行往来付款凭证附件 |
|---|---|---|---|---|---|

| 出票日期 贰零壹肆年零肆月零伍日 | 代理付款行 行号 | | | | | | | | | | |
|---|---|---|---|---|---|---|---|---|---|---|---|
| 收款人：黄河副食品有限公司 | 账号：200356789 | | | | | | | | | | |
| 出票金额 人民币（大写）壹拾万元整 | | | | | | | | | | | |
| 实际结算金额 人民币（大写）玖万伍仟肆佰元整 | | 千 | 百 | 十 | 万 | 千 | 百 | 十 | 元 | 角 | 分 |
| | | | | ￥ | 9 | 5 | 4 | 0 | 0 | 0 | 0 |

| 申请人：江城食品有限公司 | 账号或住址：200535687 江城市扬子江路特1号 |
|---|---|

| 出票行：建行长江支行 备 注：货款 凭票付款 出票行签章 | 多余金额 | | | | | | | | 科目（贷） 对方科目（借） 兑换日期 年 月 日 复核 记账 |
|---|---|---|---|---|---|---|---|---|---|
| | 百 | 十 | 万 | 千 | 百 | 十 | 元 | 角 分 | |
| | | | ￥ | 4 | 6 | 0 | 0 | 0 0 | |

# 银行汇票背面

| 被背书人：工行解放路支行 | 被背书人 | 被背书人 |
|---|---|---|
| 背书<br><br>委托收款<br><br>背书人签章<br>2014 年 4 月 10 日 | 背书<br><br><br><br>背书人签章<br>年　月　日 | 背书<br><br><br><br>背书人签章<br>年　月　日 |
| 持票人向银行<br>提示付款签章 | 身份证件名称：身份证<br>号　　　码：420106198107250044<br>发 证 机 关：江城市公安局 | |

（3）商业汇票的填制。

商业汇票是一种远期汇票，最长期限为 6 个月，适合在银行开有账户、签有合同、有真实商品交易的企业之间使用。按承兑人不同，分商业承兑汇票和银行承兑汇票，商业承兑汇票承兑人一般为付款人，银行承兑汇票承兑人为银行。

商业汇票签发可以是收款人，也可以是付款人，由付款人或银行承兑，商业承兑汇票一般为三联，第一联为卡片，由承兑人（付款人或承兑银行）留存，第二联为汇票联，出票人和承兑人加盖印鉴后交持票人（收款人），收款人收款时委托其开户行将该联随委托收款凭证寄付款人开户行作借方凭证附件，第三联为存根联，由出票人留存备查。

商业汇票的出票日期、出票金额、汇票到期日应大写。出票人、付款人名称、开户行、账号、合同号码等项目必须填写齐全。

填写的商业汇票经复核无误后，出票人应在商业汇票正联（第二联）上加盖预留银行的财务专用章和法人章，将票据交承兑人承兑，承兑人在票据上加盖承兑人的印章（付款人自己出票并承兑可加盖付款人财务专用章和法人章，银行承兑汇票加盖银行汇票专用章和由其授权的经办人签名或盖章）后，将票据交给收款人，收款人按合同发货，在商业汇票到期前，填制委托银行收款凭证，并持背面背书的商业汇票一起到银行委托银行办理收款手续。

商业汇票可背书转让，转让时应注意签章的连续性。

## 商业承兑汇票　　2　　№ 658943

出票日期（大写）　　贰零壹肆年零贰月壹拾贰日

<table>
<tr><td rowspan="3">付款人</td><td>全　称</td><td>江城食品有限公司</td><td rowspan="3">收款人</td><td>全　称</td><td>上海食品有限责任公司</td><td rowspan="13">此联收款人开户行随结算凭证寄付款人开户行作付出传票</td></tr>
<tr><td>账　号</td><td>200535687</td><td>账　号</td><td>200398765</td></tr>
<tr><td>开户银行</td><td>建行长江支行</td><td>开户银行</td><td>工行南京路支行</td></tr>
</table>

| 出票金额 | 人民币（大写）壹拾贰万元整 | 千 百 十 万 千 百 十 元 角 分 |
|---|---|---|
| | | ￥ 1 2 0 0 0 0 0 0 |

| 汇票到期日（大写） | 贰零壹肆年零肆月壹拾贰日 | 付款人开户行 | 行号 | |
| | | | 地址 | 江城市扬子江路特1号 |

交易合同代码　1035

本汇票已经本单位承兑，到期无条件支付票款，此致

收款人

收款人盖章　（江城食品有限公司财务专用章）（刘星印）

2014 年 2 月 12 日

出票人签章　（江城食品有限公司财务专用章）（刘星印）

2014 年 2 月 12 日

## 商业承兑汇票背面

一、付款人于汇票到期前须将票款足额交存开户银行，如账户余额不足，银行比照空头支票予以处罚。

二、本汇票经背书可以转让。

| 被背书人 黄河副食品有限公司 | 被背书人 江城面粉厂 | 被背书人 |
|---|---|---|
| 背书 （上海食品有限责任公司财务专用章）（王浩） | 背书 （黄河副食品有限公司财务专用章）（张娜） | 背书 |
| 背书人签章 2014 年 3 月 12 日 | 背书人签章 2014 年 3 月 31 日 | 背书人签章 年 月 日 |

6. 银行其他结算凭证的填制

除了银行票据外，企业之间的款项结算，还可采用其他结算方式，如异地托收承付、委托银行收款、汇兑、信用证等。

（1）异地托收承付凭证的填制。

异地托收承付是异地购销单位在签订购销合同，由收款单位（销售单位）按合同发货后，委托银行向异地的付款单位（购买单位）收取款项的结算方法。

异地托收承付凭证由收款单位财务人员填制，邮划一般为5联（电划为4联），第一

40

联为回单联，是收款单位开户银行受理托收业务的回单（此时并不能收到款项，只是接受委托），第二联为贷方凭证，为收款单位开户银行作为收款凭证，第三联为借方凭证，是付款单位银行作为支款凭证依据，第四联为收账通知，收款单位开户银行交收款单位，第五联为支款通知，由付款单位开户银行付款后交付款单位记账。

异地托收承付分托收和承付两个阶段。

销售单位（收款单位）按合同发货后，填制托收承付结算凭证，连同发票、托运单、保险单等单据到开户银行办理托收手续，开户银行审核后，加盖印章退回回单（此阶段称托收），将其余凭证通过银行转给付款单位，付款单位收到相关单据后对单据进行审核，同意付款（此阶段称承付），付款单位开户银行可将付款单位账户的款项划到收款单位账户内，并通知收款单位。

在实际中，付款单位在审核收款单位转来的相关单据或通过验货发现收款单位所发货物不符合实际或与事先签订的合同不符，也可拒绝付款。如果所发货物全部不符，可填制"全部拒绝付款理由书"，并签章，注明拒绝付款理由，连同开户银行转来的有关单据送开户银行，由双方银行审核后转给收款人。如果所发货物部分不符，可填制"部分拒绝付款理由书"，在"拒付金额"栏填写实际拒绝付款金额，在拒付理由栏填写拒付理由，"部分付款金额"栏填写委托收款金额减去拒绝付款金额后的余额，并签章，连同开户银行转来的有关单证送开户银行，由双方银行审核后转给收款人，该"部分拒付理由书"可代替收款凭证。

签发托收承付凭证必须记载下列事项：表明委托收款的字样，确定的金额，付款人名称及开户行、账号，收款人名称及开户行、账号，托收附寄单证张数，合同名称号码，委托日期，收款人签章等，欠缺记载上列事项之一的，银行不予受理。

## 托收承付结算凭证（回单）　　1

托收日期　2014 年 4 月 10 日　　　　　　托收号码：563223

| 付款人 | 全　称 | 北京食品有限公司 | 收款人 | 全　称 | 江城食品有限公司 | | | | | | | | | | |
|---|---|---|---|---|---|---|---|---|---|---|---|---|---|---|---|
| | 账　号 | 200056325 | | 账　号 | 200535687 | | | | | | | | | | |
| | 开户银行 | 建设银行黄兴路支行 | | 开户银行 | 建行长江支行 | 行号 | | | | | | | | | |
| 委托金额 | 人民币 | 叁拾伍万肆仟叁佰元整 | | | | 千 | 百 | 十 | 万 | 千 | 百 | 十 | 元 | 角 | 分 |
| | | | | | | | ¥ | 3 | 5 | 4 | 3 | 0 | 0 | 0 | 0 |

| 附件 | | 商品发运情况 | 合同名称、号码 |
|---|---|---|---|
| 附寄单证张数或册数 | 叁张 | 已启运 | 456972 |
| 备注： | | | |
| | 款项收妥日期　　　年　月　日 | | 付款人开户银行盖章　　　年　月　日 |

（印章：中国建设银行长江支行 2014.04.10 托收专用章）

单位主管：　　　　　会计：　　　　　复核：　　　　　记账：

委托银行收款凭证结算方式与异地托收承付分托收基本相同，不再赘述。

（2）银行电汇凭证的填制。

汇兑是企业或个人委托银行将其款项汇给异地的收款人的结算方式。汇兑分电汇和信汇两种，目前企业办理电汇业务的较多。

银行电汇凭证一般由企业的财务人员填制，第一联为回单，是汇出行给汇款人的回单；第二联为支款凭证，是汇出银行办理转账付款的支款凭证；第三联为发电依据，是汇出行向汇入行拍发电报的凭据，收款人银行在电汇款汇到后另行制作凭证交收款人作为收款记账依据。

银行电汇凭证应填制的内容包括日期、汇款人及收款人单位全称、开户银行及账号、汇出、汇入地点、金额等。汇款单位的财务人员在填写一式三联的电汇凭证后，在电汇凭证的第二联上加盖其在银行预留的财务专用章和法人章，连同其他几联送交开户银行，开户银行受理后，在第一联上加盖银行印章退回给汇款人用以作为付款记账依据。

# 中国建设银行　电汇凭单（回单）　1

委托日期　*2014 年 4 月 12 日*　　　　　No 56956

| 汇款人 | 全　称 | 江城食品有限公司 | | 收款人 | 全　称 | 上海食品有限责任公司 | |
|---|---|---|---|---|---|---|---|
| | 账　号 | 200535687 | | | 账　号 | 200398765 | |
| | 汇出地点 | ××省　江城　市/县 | | | 汇入地点 | 省　上海　市/县 | |
| | 汇出行名称 | 建行长江支行 | | | 汇入行名称 | 工行南京路支行 | |

| 金额 | （大写）壹拾万元整 | 亿 | 千 | 百 | 十 | 万 | 千 | 百 | 十 | 元 | 角 | 分 |
|---|---|---|---|---|---|---|---|---|---|---|---|---|
| | | | | | ¥ | 1 | 0 | 0 | 0 | 0 | 0 | 0 | 0 |

支付密码

附加信息及用途：货款

汇出行签章

复核　　　记账

（中国建设银行长江支行　2014.04.12　转账）

*此联是汇出行给汇款人的回单*

## 7. 银行进账单的填制

进账单是企业经常使用的经济凭证之一。当企业需要向开户银行送交支票、银行本票、银行汇票等票据办理银行存款业务时，应当填写进账单。

进账单由单位的财会人员负责填写。进账单的基本联次为三联，第一联为回单，表示该笔票据业务银行已受理（但并不表示这笔款项已到账），第二联为银行记账凭证联，第三联为收账通知联，作为收款人收款记账依据。全部联次用双面复写纸一次性套写完成。

进账单应填写以下内容：填制进账单的日期，出票人的全称、账号和开户行，收款人的全称、账号和开户行，进账的大小写金额、进账的事由。

进账单填制完毕，应当对进账单及其相关票据进行复核与检查，以防差错，然后将审核无误的进账单和相关票据提交开户银行办理进账。

# 银行进账单（回单）

*2014 年 4 月 12 日*

| 出票人 | 全 称 | 江城面粉厂 | | 收款人 | 全 称 | 江城食品有限公司 | | | | | | | | | | | | 此联开户银行交给持（出）票人的回单 |
|---|---|---|---|---|---|---|---|---|---|---|---|---|---|---|---|---|---|---|
| | 账 号 | 200156458 | | | 账 号 | 200535687 | | | | | | | | | | | | |
| | 开户银行 | 工商银行水果湖支行 | | | 开户银行 | 建行长江支行 | | | | | | | | | | | | |
| 金额 | 人民币（大写） | 陆万伍仟元整 | | | | 千 | 百 | 十 | 万 | 千 | 百 | 十 | 元 | 角 | 分 | | | |
| | | | | | | | ￥ | 6 | 5 | 0 | 0 | 0 | 0 | 0 | 0 | | | |
| 票据种类 | | 转支 | | 通过江城电子支付系统 | | | | | | | | | | | | | | |
| 票据张数 | | 壹 | 票据号码 | 9 0 4 2 6 7 0 3 | | | | | | | | | | | | | | |

中国建设银行长江支行
2014.04.12
转账

受理银行签章

注：本回执不作收款证明，不作提货依据，不作账户处理，仅供查询用。

8. 现金缴款单的填制

现金缴款单是单位去银行账户交存现金时填写的凭证。现金缴款单由企业的财会人员填写，一般有两联，第一联为回单，由银行加盖相关印章（现金收讫章或业务清讫章）后退给存款企业用以作记账依据，第二联为贷方传票，由银行加盖相关印章后作为银行的记账凭证。全部联次应一次性套写完成。

现金缴款单应填写以下内容：存款人的全称、开户银行、账号和款项来源，存款单大小写金额，填制现金存款单的日期。

# 银行现金缴款单

*2014 年 4 月 12 日*

| 收款单位 | 全称 | 江城食品有限公司 | | 款项来源 | 销货款 | | | | | | | |
|---|---|---|---|---|---|---|---|---|---|---|---|---|
| | 账号 | 200535687 | | 缴款部门 | | | | | | | | |
| 人民币：（大写） | 伍仟叁佰零伍元整 | | | | 十 | 万 | 千 | 百 | 十 | 元 | 角 | 分 |
| | | | | | | ￥ | 5 | 3 | 0 | 5 | 0 | 0 |

| 票面 | 张数 | 金额 | 票面 | 张数 | 金额 |
|---|---|---|---|---|---|
| 一百元 | 52 | 5 200 | 二元 | | |
| 五十元 | 1 | 50 | 一元 | | |
| 十元 | 5 | 50 | 角币 | | |
| 五元 | 1 | 5 | 分币 | | |

中国建设银行长江支行
2014.04.12
现金收讫
(01)

收款银行（盖章）

9. 收料单

收料单是在外购材料物资验收入库时填制的凭证，是一种自制凭证，一般由仓库保管员和财务人员填制，一般有三联，第一联为存根，由仓库留存，保管人员据以登记材料保管账，第二联为记账联，财务部门凭以作记账的依据，第三联为存查联，由采购部门或送货人留存备查。

收料单全部联次按编码顺序用双面复写纸手写一次性套写完成，应按规定的格式填写，但仓库保管员可只填数量，不填单价、金额，单价、金额可由财务人员根据有关票据事后填写，计算出该批收入材料的单价和总成本。收料单应有有关人员的签章，以明确责任。

## 收 料 单

供应单位：江城市面粉厂　　　　　2014 年 4 月 15 日　　　　　发票号码：00984631

材料类别：　　　　　　　　　　　　　　　　　　　　　　　　材料仓库：1 号库

| 编号 | 名称 | 规格 | 单位 | 数量 | | 实际成本 | | | | | 第二联 记账联 |
| --- | --- | --- | --- | --- | --- | --- | --- | --- | --- | --- | --- |
| | | | | 应收 | 实收 | 买价（元） | | 运杂费（元） | 其他（元） | 合计（元） | |
| | | | | | | 单价 | 金额 | | | | |
| | 面粉 | | 千克 | 1 500 | 1 500 | 5.06 | 7 590 | 650 | 50 | 8 290 | |
| | 合计 | | | | | | | | | 8 290 | |

主管：章灵　　　　采购员：刘胜利　　　　保管员：吴慧

10. 领料单

领料单是由领用部门在向仓库领用材料时填制的凭证，是一种自制凭证，一般由领用部门人员填制（保管员填写实领数量），有关人员签字。一般有三联，第一联为存根联，由领用部门留存，第二联为记账联，财务部门凭以作为记账的依据，第三联为存查联，交保管人员据以登记材料保管账。

其填写方法与收料单的填写方法相同，保管员只填实发料数量，不填单价和金额，单价、金额可在月末由财务人员按一定的方法确定该种材料的单价再填，或在发料凭证汇总表中一次性填列，仓库保管员发出材料，并要求相关人员在发料单上签章后，将其中的第二联交财会部门，据以核算发出材料的成本。

## 领 料 单

领用单位：一车间　　　　　　　　2014 年 4 月 8 日

| 物资编号 | 名称 | 规格、材质、型号 | 计量单位 | 数量 | | 实际价格（元） | | 用途 | 第三联 财务 |
| --- | --- | --- | --- | --- | --- | --- | --- | --- | --- |
| | | | | 请领 | 实领 | 单价 | 总金额 | | |
| | 食糖 | | 千克 | 10 | 10 | | | 生产夹心饼干 | |
| | | | | | | | | | |
| | | | | | | | | | |
| 签署意见 | | 同意领用 | | | | | | | |

领料单位负责人：李月　　　领料人：吴明　　　供应单位负责人：章茜　　　保管员：吴慧

44

## 11. 工资结算表和工资汇总表的填制

工资结算表是企业发放职工工资、办理工资结算时编制的，一般由专人按车间或部门编制，根据职工工资卡、考勤记录、产量记录及代扣款项等资料按人名填列"应付工资"、"代扣款项"、"实发金额"三大主要部分。实际中，企业发放工资时，一般随同发放福利补助或其他的交通补助、伙食补助等，因此有的单位工资中还包括代发款项。

代扣款项是应由职工个人负担的费用，如由职工个人负担的"五险一金"、职工应缴纳的个人所得税、房租、水电费，此部分在发工资时应从应付工资中扣除。

职工应付工资＝基本工资（标准工资）＋津贴＋奖金等−病事假应扣工资

实发工资＝职工应付工资＋代发款项−代扣款项

工资结算表一般一式三份。一份由劳动工资部门存查；一份按职工裁成"工资条"，连同工资一起发给职工；一份交财会部门作为工资核算的凭证。为了把握整个企业工资结算和支付情况，并据以记账，财会部门将各车间、部门的"工资结算表"加以汇总，编制"工资结算汇总表"。

## 工资结算表

单位或部门：一车间　　　　　　　2014 年 7 月 31 日　　　　　　　金额单位：元

| 部门 | 人数 | 应发工资 | | | 缺勤应扣 | | | 应发工资 | 代扣款 | | | | 实发工资 |
|---|---|---|---|---|---|---|---|---|---|---|---|---|---|
| | | 标准工资 | 奖金 | 津贴 | 病假 | 事假 | 小计 | | 养老保险 | 个人所得税 | 水电费 | 小计 | |
| 张三 | | 850 | 500 | 300 | 56 | 15 | 71 | 1 579 | 96 | | 156 | 252 | 1 327 |
| 李四 | | 1 550 | 700 | 600 | 80 | 30 | 110 | 2 740 | 96 | 37 | 220 | 353 | 2 387 |
| 王五 | | 1 230 | 450 | 500 | | 15 | 15 | 2 165 | 96 | 8 | 125 | 229 | 1 936 |
| 赵六 | | 700 | 500 | 245 | | | | 1 445 | 96 | | 35 | 131 | 1 314 |
| | | | | | | | | | | | | | |
| | | | | | | | | | | | | | |
| 合计 | | 4 330 | 2 150 | 1 645 | 136 | 60 | 196 | 7 929 | 384 | 45 | 536 | 965 | 6 964 |

财务主管：李四　　　　　　　　　　制表：王铭

## 12. "五险一金"费用计算表、社会保险基金收款收据（由银行电子缴税付款凭证代替）和公积金汇（补）缴书的填制

"五险一金"费用计算表填制职工上缴的"五险一金"中应由企业承担的部分。按我国有关法规的规定，企业应为职工上缴养老保险、工伤保险、失业保险、医疗保险、生育保险及住房公积金，采取企业和职工共同承担的方式，企业为职工承担的部分便形成企业费用的一部分，职工个人应承担的部分一般在发放工资时从职工工资中扣除。

"五险一金"一般按工资基数的一定比例计缴，工资基数可以是职工个人的月应付工资总额或当地上年度职工月人均工资总额，计缴比例按当地劳动部门规定的比例，各地各有不同。

例：江城市单位负担养老保险、医疗保险、失业保险、工伤保险、生育保险的比例分

别为 20%、8%、2%、0.5%、0.7%，个人承担养老保险、医疗保险、失业保险的比例分别为 8%、2%、1%，住房公积金企业和职工个人各承担 10%。江城食品有限公司一车间工人"五险一金"工资基数按上年当地月人均工资 1 200 元计算（工资人数见"工资结算表"）。

## 职工"五险一金"费用计算表

部门：一车间　　　　　　　　2014 年 7 月 31 日　　　　　　　　金额单位：元

| 项目 | 人数 | 计提基数 | 计提比例 | 计提金额 |
|---|---|---|---|---|
| 养老保险 | 4 | 1 200 | 20% | 960 |
| 医疗保险 | 4 | 1 200 | 8% | 384 |
| 失业保险 | 4 | 1 200 | 2% | 96 |
| 工伤保险 | 4 | 1 200 | 0.5% | 24 |
| 生育保险 | 4 | 1 200 | 0.7% | 33.6 |
| 住房公积金 | 4 | 1 200 | 10% | 480 |
| 合计 | | | | 1 977.6 |

财务主管：张月荣　　　　　　　　　　　制表：王铭

　　实际中，企业职工的"五险一金"一般都由企业统一上缴，目前很多城市"五险"由当地的地方税务局代收，银行根据税务部门开出的凭证（或由企业网上申报）从企业存款户中将社会保险金划入各种保险基金专用账户中，银行划拨款项后开出收据（有的银行也用企业向税务机关申报的"社保申报表"代替收据）。公积金直接上缴给当地的公积金中心，由单位财务人员填制一式三联的"公积金汇（缴）书"，办理手续后将其中第三联退回给企业作付款记账依据，填写"社保申报表"和"公积金汇（缴）书"时，应将企业和职工应该缴的"五险一金"全部填入表内。

## 社会保险申报表

2014 年 8 月 10 日　　　　　　　　金额单位：元

| 单位名称 | 江城食品有限公司 | | | | |
|---|---|---|---|---|---|
| 收款银行 | 中国工商银行长江支行 | | 账号 | | 200723564 |
| 项目名称 | 所属起至时期 | 品目名称 | 人数 | 金额 | 社保号 |
| 基本养老保险 | 2014 年 7 月 1 日—31 日 | 40010000 | 4 | 1 344 | 4365879 |
| 基本医疗保险 | 2014 年 7 月 1 日—31 日 | 41010000 | 4 | 480 | 4365879 |
| 失业保险 | 2014 年 7 月 1 日—31 日 | 42010000 | 4 | 144 | 4365879 |
| 工伤保险 | 2014 年 7 月 1 日—31 日 | 43010000 | 4 | 24 | 4365879 |
| 生育保险 | 2014 年 7 月 1 日—31 日 | 44010000 | 4 | 33.6 | 4365879 |
| 合计（大写）贰仟零贰拾伍元陆角整 | | | （小写）￥2 025.60 | | |

中国工商银行江汉支行　2014.08.10　转账

　　注：上缴的基本养老保险中，由单位缴纳 960 元（工资基数 20%），个人缴纳 384 元（工资基数 8%）。

46

# 江城市住房公积金汇（补）缴书

2014 年 8 月 10 日

<table>
<tr><td rowspan="5">客户填写</td><td>缴存单位</td><td colspan="2">江城食品有限公司</td><td colspan="2">公积金账号</td><td colspan="12">423523896</td><td rowspan="9">第三联　企业留存</td></tr>
<tr><td rowspan="2">缴存金额<br>（大写）</td><td colspan="4" rowspan="2">玖佰陆拾元整</td><td>千</td><td>百</td><td>十</td><td>万</td><td>千</td><td>百</td><td>十</td><td>元</td><td>角</td><td>分</td></tr>
<tr><td></td><td></td><td></td><td></td><td>¥</td><td>9</td><td>6</td><td>0</td><td>0</td><td>0</td></tr>
<tr><td colspan="2">上月汇缴</td><td colspan="2">本月增加汇缴</td><td colspan="2">本月减少汇缴</td><td colspan="8">本月汇缴</td></tr>
<tr><td>人数</td><td>金额</td><td>人数</td><td>金额</td><td>人数</td><td>金额</td><td colspan="4">人数</td><td colspan="4">金额</td></tr>
<tr><td rowspan="4">受理网点填写</td><td></td><td></td><td></td><td></td><td></td><td></td><td colspan="4">4</td><td colspan="4">960.00</td></tr>
<tr><td colspan="6" rowspan="3"></td><td rowspan="3">资金入账</td><td colspan="11" rowspan="2">中国工商银行江汉支行<br>2014.08.10<br>转　账<br>转讫</td></tr>
<tr></tr>
<tr><td colspan="11">单位印鉴</td></tr>
</table>

注：上缴的住房公积金中，由单位缴纳 480 元（工资基数 10%），个人缴纳 480 元（工资基数 10%）。

13. 增值税纳税计算表、城建税及教育费附加计算表的填制

增值税纳税计算表是企业在月末计算出企业当月应交增值税及未交增值税而填制的表格。一般根据企业的"应交税费——应交增值税"明细账和"应交税费——未交税金"明细账有关资料填列。

本期应交增值税 = 销项税额 - （进项税额 - 进项税额转出）

进项税额 = 当期进项税额 + 前期尚未抵扣的进项税额

前期尚未抵扣的进项税额一般在"应交税费——应交增值税（进项税额）"明细账的借方余额中。

举例：2013 年 8 月 31 日，本企业"应交税费——应交增值税"账户发生额及余额如下：

## "应交税费——应交增值税"明细表

2013 年 8 月 31 日　　　　　　　　　　　　　　　　单位：元

| 项目 | 月初余额 | 借方发生额 | 贷方发生额 |
|---|---|---|---|
| 进项税额 | 20 000（借方） | 500 000 | |
| 销项税额 | | | 853 000 |
| 进项税额转出 | | | 1 800 |
| 已交税金 | | 200 000 | |
| 转出未交增值税 | | 134 800 | |

填制简易增值税纳税计算表如下。

## 应交增值税计算表

*2013 年 8 月 31 日*　　　　　　　　　　　　　　　　　　　　　　单位：元

| 项目 | 增值税 | |
|---|---|---|
| 销项税额 | | 853 000 |
| 进项税额 | | 520 000 |
| 进项税额转出 | | 1 800 |
| 应交税额 | | 334 800 |

主管会计：张月荣　　　　　　　　　制表：王铭

当期应缴城建税 = （当前应缴增值税+应缴营业税+应缴消费税等）×税率
当期应缴教育费附加 = （当前应缴增值税+应缴营业税+应缴消费税）×征收率
举例：本企业 8 月应缴增值税 334 800 元，应缴营业税 5 000 元。

## 城建税及教育费附加计算表

*2013 年 8 月 31 日*　　　　　　　　　　　　　　　　　　　　　　单位：元

| 计税依据 | 计税金额 | 城市维护建设税 | | 教育费附加 | |
|---|---|---|---|---|---|
| | | 税率 | 税额 | 征收率 | 税额 |
| 增值税 | 334 800 | 7% | 23 436 | 3% | 10 044 |
| 营业税 | 5 000 | 7% | 350 | 3% | 150 |
| | | | | | |
| 合计 | | | 23 786 | | 10 194 |

主管：张月荣　　　　　　　　　制表：王铭

　　目前我国大多数企业税款征收由银行托管（第三方存管），即企业向税务局申报税费后，在网上委托银行自动将税费划缴到国家税务局和地方税务局指定的国库，银行划拨款项后开出"银行电子缴税付款凭证"，"银行电子缴税付款凭证"格式各有不同，一般分为两联，一联银行留存，一联给企业作为付款记账依据。

# 中国工商银行电子缴税付款凭证

2013 年 9 月 10 日                                                  单位：元

| 纳税人单位 | 江城食品有限公司 | 纳税人识别号 | 420107757250065 |
|---|---|---|---|
| 付款人单位 | 江城食品有限公司 | 征收机关名称 | 江城市国家税务局江汉三所 |
| 付款人开户银行 | 中国银行江汉支行 | 账号 | 200723564 |
| 收款国库名称 | 市中心支库 | 缴款书交易流水号 | |

| 税费名称 | 所属时期 | | 实缴金额 |
|---|---|---|---|
| 增值税 | 2013 年 8 月 1 日—8 月 31 日 | | 134 800 |
| | | | |
| | | | |
| 合计 | | | 134 800 |
| 大写（合计）金额　壹拾叁万肆仟捌佰元整 | | 小写（合计）金额 ￥134 800.00 | |

第二联　付款回单

---

（印章：中国工商银行江汉支行 2013.09.10 转账 转讫）

## 小贴士：发票

**1. 发票和收据**

发票是在购销商品、提供或接受服务，以及进行其他生产经营活动时收付款项而开具的凭证。发票一般情况下是收款人开具给付款人的，特殊情况下，由付款方向收款方开具发票，如在收购单位和扣缴义务人支付个人款项时可由付款人向收款人开具发票。开具发票的收款人或付款人一般具有纳税义务，发票同时也是一种税务凭证，发票分为普通发票、增值税专用发票、专业发票等。

收款收据一般是指除了上述发票管理办法规定的经营活动以外的非经营活动中收付款项时开具的凭证，如企业职工内部借款归还、各种保证金的收讫、单位之间往来款业务、投资款等等。收据一般涉及非生产经营活动的款项收付，所以收据不作为税务凭证，即不能直接作为抵扣税款或所得税税前扣除的凭证。

收据可以分为外部收据和内部收据。外部收据又分为税务部门监制收据、财政部门监制收据、部队收据三种。内部收据是单位内部的自制凭证，用于单位内部发生的业务，如材料内部调拨、收取员工押金、退还多余出差借款等，这时的内部自制收据是合法的凭据，可以入账。单位之间发生业务往来，收款方在收款以后不需要纳税的，收款方就可以开具税务部门监制的收据。行政事业单位发生的行政事业性收费，可以使用财政部门监制的收据。单位与部队之间发生业务往来，按照规定不需要纳税的，可以使用部队监制的收据，这种收据也是合法的凭据，可以入账。除上述几种收据外，单位或个人在收付款时使用的其他自制收据，就是日常所说的"白条"，是不能作为凭证入账的。

**2. 红字增值税专用发票的开具**

增值税一般纳税人在增值税专用发票开具后，发生销货退回，对收到退回的发票联、抵扣联不能按"作废"处理的（如隔月发生销货退回），或销货部分退回及发生销售折让等，应开具红字增值税专用发票。

开具红字增值税专用发票应由购买方提出申请，购买方应向主管税务机关填报《开具红字增值税专用发票申请单》，将该笔事项的信息及发票号码填写在申请单中，并将收到的增值税专用发票抵扣联交主管税务机关进行认证审核，审核通过后，由主管税务机关出具《开具红字增值税专用发票通知单》，并由购买方送交销售方，销售方凭以开具红字增值税专用发票，冲减收入和销项税额，购买方应将该笔业务所列增值税税额从当期进项税额中转出。

## 三、实训资料

江城食品有限公司 2014 年 4 月发生如下经济业务：

1. 2014 年 4 月 1 日采购部李小丽赴上海、苏州参加商品洽谈会，经批准向财务部借款 3 000 元，出纳员审核借支单后开出现金支票。请分别填制借支单和现金支票（注意，票据应有相关人员的签章，下同）。

# 借 支 单

<table>
<tr><td colspan="4" align="center">年　　月　　日　　　　　　　部门：</td></tr>
<tr><td>借支人姓名</td><td></td><td>职务</td><td></td></tr>
<tr><td>借支事由</td><td colspan="3"></td></tr>
<tr><td>人民币<br>（大写）</td><td colspan="2"></td><td>￥</td></tr>
<tr><td>核<br><br>准</td><td>复<br><br>核</td><td>出<br><br>纳</td><td>借<br>支<br>人</td></tr>
</table>

| 中国建设银行<br>现金支票存根<br>GV56321298 | | 中国建设银行　现金支票　GV56321298 | |
| --- | --- | --- | --- |
| 附加信息 _____ <br><br> _____ | 本支票付款期限十天 | 出票日期（大写）　　年　月　日　付款行名称：<br>收款人：　　　　　　　　出票人账号： | |
| 出票日期　年　月　日 | | 人民币<br>（大写） | 亿千百十万千百十元角分 |
| 收款人： | | 用途：_____ | |
| 金　额： | | 上列款项请从 | |
| 用　途： | | 我账户内支付 | |
| 单位主管：　会计： | | 出票人签章　　　　　复核　　　　记账 | |

2. 2014 年 4 月 2 日从本市江城面粉厂购入面粉 1 000 千克，单价 5 元/千克，增值税 850 元，款项以存款支付，开出转账支票。

<table>
<tr>
<td>
中国建设银行<br>
转账支票存根<br>
GS 43668956<br><br>
附加信息 _____<br>
_____<br>
_____<br><br>
出票日期　年　月　日<br><br>
收款人：<br>
金　额：<br>
用　途：<br><br>
单位主管：　会计：
</td>
</tr>
</table>

| 中国建设银行　转账支票 | GS43668956 |
|---|---|

出票日期（大写）　　年　月　日　　付款行名称：

收款人：　　　　　　　　　　　　出票人账号：

| 人民币<br>（大写） | 亿 | 千 | 百 | 十 | 万 | 千 | 百 | 十 | 元 | 角 | 分 |
|---|---|---|---|---|---|---|---|---|---|---|---|
| | | | | | | | | | | | |

用途：_____

上列款项请从

我账户内支付

出票人签章　　　　　　　复核　　　　　　记账

本支票付款期限十天

---

3. 2014 年 4 月 3 日，销售给江城市华联超市（有限公司）扬子江夹心饼干 500 箱，单价 35 元/箱，葱油饼干 300 箱，单价 40 元/箱，增值税税率 17%，开具增值税专用发票。

江城市华联超市有限公司纳税人识别号：420107757250087

开户行：中国工商银行长江支行，账号：200687654

地址：江城市水果湖路 15 号，电话：027-87653212

## ××增值税专用发票　　　№ 00289785

记账联　　　　　　　开票日期：　年　月　日

| 购买方 | 名　　　称：<br>纳税人识别号：<br>地址、电话：<br>开户行及账号： | | | | | 密码区 | | 第一联：记账联 销售方记账凭证 |
|---|---|---|---|---|---|---|---|---|
| 货物或应税劳务、服务名称 | 规格型号 | 单位 | 数量 | 单价 | 金额 | 税率 | 税额 | |
| | | | | | | | | |
| 合计 | | | | | | | | |
| 价税合计（大写） | | | | | | （小写） | | |
| 销售方 | 名　　　称：<br>纳税人识别号：<br>地址、电话：<br>开户行及账号： | | | | | 备注 | | |

收款人：　　　　复核：　　　　开票人：　　　　销售方：

53

4. 2014 年 4 月 3 日，收到江城市华联超市转账支票 1 张，完成支票背书，并填制进账单。

中国工商银行　转账支票　GS56879002

出票日期（大写）　贰零壹肆年零肆月零叁日　　付款行名称：工行长江支行
收款人：江城食品有限公司　　　　　　　　　　出票人账号：200687654

本支票付款期限十天

| 人民币（大写） | 叁万肆仟伍佰壹拾伍元整 | 亿 | 千 | 百 | 十 | 万 | 千 | 百 | 十 | 元 | 角 | 分 |
|---|---|---|---|---|---|---|---|---|---|---|---|---|
| | | | | ¥ | 3 | 4 | 5 | 1 | 5 | 0 | 0 |

用途：货款
上列款项请从
我账户内支付
出票人签章　　　　　　　　　　　　　　复核　　　　记账

（印章：江城市华联超市有限公司 财务专用章）（印章：宋江 印）

## 转账支票背面

| 附加信息： | 被背书人 |
|---|---|
| | |
| | 背书人签章<br>年　月　日 |

## 银行进账单（回单）

年　月　日

| 出票人 | 全　称 | | 收款人 | 全　称 | | 此联是开户银行交给持（出）票人的回单 |
|---|---|---|---|---|---|---|
| | 账　号 | | | 账　号 | | |
| | 开户银行 | | | 开户银行 | | |

| 金额 | 人民币（大写） | | 千 | 百 | 十 | 万 | 千 | 百 | 十 | 元 | 角 | 分 |
|---|---|---|---|---|---|---|---|---|---|---|---|---|
| | | | | | | | | | | | | |

| 票据种类 | | 通过江城电子支付系统 |
|---|---|---|
| 票据张数 | | 票据号码 |

受理银行签章

注：本回执不作收款证明，不作提货依据，不作账户处理，仅供查询用。

5. 2014 年 4 月 5 日，向银行申请开出银行汇票，汇票号码 762354，金额 80 000 元。

汇款单位：上海市副食品公司

地址：上海市江淮路 15 号，电话：021-68756554

纳税人识别号：020789754658715

开户行：建设银行江淮支行，账号：200634875

## 银行汇票申请书（存根）　　1

申请日期　　年　月　日　　　No

| 汇款人 | | 收款人 | | |
|---|---|---|---|---|
| 账号或住址 | | 账号或住址 | | |
| 用途 | | | | |

| 汇款金额<br>（大写） | | | | 百 | 十 | 万 | 千 | 百 | 十 | 元 | 角 | 分 |
|---|---|---|---|---|---|---|---|---|---|---|---|---|

备注

科目：

对方科目：

财务主管：　　复核：　　经办：

此联由申请人留存

6. 2014 年 4 月 8 日，销售给广州羊城仓储有限公司扬子江夹心饼干 1 000 箱，单价 35 元/箱，葱油饼干 500 箱，单价 40 元/箱，巧克力饼干 200 箱，单价 60 元/箱，增值税税率 17%，代垫运费 300 元，专用发票 2 张（运费增值税税率 11%），转账支票存根 1 张，合同号码 1021，根据上述票据到银行办理托收，填制托收凭证，托收号码 658972。

广州羊城仓储有限公司地址：广州羊城路 20 号，电话：020-56756538

纳税人识别号：02156897565421

开户行：中国建设银行羊城支行　账号：200156783

# 托收承付结算凭证　1

托收日期　　年　月　日　　　　　　　　托收号码：658972

| 付款人 | 全　　称 | | | 收款人 | 全　　称 | | | |
|---|---|---|---|---|---|---|---|---|
| | 账　　号 | | | | 账　　号 | | | |
| | 开户银行 | | 行号 | | 开户银行 | | 行号 | |

| 委托金额 | 人民币（大写） | | | 千 | 百 | 十 | 万 | 千 | 百 | 十 | 元 | 角 | 分 |
|---|---|---|---|---|---|---|---|---|---|---|---|---|---|
| | | | | | | | | | | | | | |

| 附件 | 商品发运情况 | 合同名称、号码 |
|---|---|---|
| 附寄单证张数或册数 | | |

备注：

| | 款项收妥日期 | 付款人开户银行盖章 |
|---|---|---|
| | 年　月　日 | 年　月　日 |

单位主管：　　　　　会计：　　　　　复核：　　　　　记账：

*此联是收款人开户银行给收款人的回单*

---

7. 2014 年 4 月 10 日，采购员到上海副食品公司（汇票见 5）采购奶油、巧克力，其中奶油 200 千克，单价 200 元/千克，巧克力 200 千克，单价 100 元/千克，增值税税率 17%，同时对方代垫运费 500 元，增值税税率 11%。款项一并以银行汇票支付，余款退回，填制银行汇票第四联。

## 中国建设银行银行汇票　　4　　No 762354

付款期限 壹个月　　　　　　　　　　　　　　　第　号

| 年　月　日 | 代理付款行　　　行号 |
|---|---|
| 收款人： | 账号： |

| 出票金额 人民币（大写） | | 千 | 百 | 十 | 万 | 千 | 百 | 十 | 元 | 角 | 分 |
|---|---|---|---|---|---|---|---|---|---|---|---|
| 实际结算金额　人民币（大写） | | | | | | | | | | | |

| 申请人： | | 账号或住址： | |
|---|---|---|---|
| 出票行： | | | |
| 备　注： 凭票付款 | 多余金额 | | 左列退回多余款项已收入你账户内 |
| | 百 十 万 千 百 十 元 角 分 | | |
| 出票行签章 | | 复核　　　记账 | |

*此联为出票行结清余款后交申请人*

59

8. 2014 年 4 月 12 日，向本市市民张小利销售扬子江葱油饼干 100 箱，含增值税单价 40.95 元/箱，合计 4 095 元，开具普通发票，收到现金 4 095 元。填增值税普通发票。

# ××省增值税普通发票

### 发票联

发票代码：002365681258

发票号码：56872458

年　月　日

购货单位：

| 品号及规格 | 货物或劳务名称 | 单位 | 数量 | 单价 | 金 额 | | | | | | 第二联 付款方报销凭证 |
|---|---|---|---|---|---|---|---|---|---|---|---|
| | | | | | 千 | 百 | 十 | 元 | 角 | 分 | |
| | | | | | | | | | | | |
| | | | | | | | | | | | |
| 合计 | | | | | | | | | | | |

金额（大写）　　仟　佰　拾　元　角　分　　　　（小写）￥

备　注：

开票单位盖章　　　　　复核人　　　　　收款人　　　　　开票人

9. 当日将上述 4 095 元存入银行（100 元 40 张，1 元、10 元 4 张，50 元 1 张，5 元 1 张），填现金缴款单。

# 银行现金缴款单

年　月　日

| 收款单位 | 全称 | | 款项来源 | | 第一联 回单 |
|---|---|---|---|---|---|
| | 账号 | | 缴款部门 | | |

| 人民币：（大写） | | | | 十 | 万 | 千 | 百 | 十 | 元 | 角 | 分 |
|---|---|---|---|---|---|---|---|---|---|---|---|

| 票面 | 张数 | 金额 | 票面 | 张数 | 金额 | |
|---|---|---|---|---|---|---|
| 一百元 | | | 二元 | | | |
| 五十元 | | | 一元 | | | |
| 十元 | | | 角币 | | | 收款银行（盖章） |
| 五元 | | | 分币 | | | |

10. 2014 年 4 月 12 日，收到广州羊城仓储有限公司发来的"托收承付部分拒绝付款理由书"（业务见 6，托收号码 658972），拒付理由：巧克力饼干 200 箱，不是合同规定货物，拒付货款 12 000 元，税款 2 040 元，同时拒付运费 50 元，共计拒付 14 090 元，填制"托收承付部分拒付理由书"。

# 托收承付结算部分拒绝付款理由书

拒付日期　　　年　月　日　　　　　　　　　　原托收号码：658972

| 付款人 | 全　　称 | | 收款人 | 全　　称 | | |
|---|---|---|---|---|---|---|
| | 账　　号 | | | 账　　号 | | |
| | 开户银行 | | 行号 | | 开户银行 | 行号 |

| 托收金额 | | 拒付金额 | | 部分付款金额 | 千 | 百 | 十 | 万 | 千 | 百 | 十 | 元 | 角 | 分 |
|---|---|---|---|---|---|---|---|---|---|---|---|---|---|---|
| | | | | | | | | | | | | | | |

| 附寄单证 | 部分付款金额（大写） | 千　佰　拾　万　仟　百　拾　元　角　分 |
|---|---|---|
| | | |

拒付理由：

科目（借）：＿＿＿＿＿＿＿＿＿＿＿＿
对方科目（贷）：＿＿＿＿＿＿＿＿＿＿
转账日期　　　年　月　日
复核：　　　　　　记账：

11. 2014 年 4 月 15 日，从上海副食品公司采购的奶油、巧克力已到（发票见 7），运费 11% 可抵扣，其余运费平均分配，根据上述资料填制收料单，并分别计算该批入库奶油、巧克力的单位成本。

## 收料单

供应单位：　　　　　　　　　年　月　日　　　　　　发票号码

材料类别　　　　　　　　　　　　　　　　　　　　材料仓库：1 号库

| 编号 | 名称 | 规格 | 单位 | 数量 | | 实际成本 | | | | | 第二联记账联 |
|---|---|---|---|---|---|---|---|---|---|---|---|
| | | | | 应收 | 实收 | 买价 | | 运杂费 | 其他 | 合计 | |
| | | | | | | 单价 | 金额 | | | | |
| | | | | | | | | | | | |
| | | | | | | | | | | | |
| | | | | | | | | | | | |
| | | 合计 | | | | | | | | | |

主管：　　　　　　　采购员：　　　　　　　　　　保管员：

12. 2014 年 4 月 20 日，因销货开出一张期限为三个月的商业承兑汇票（承兑人：江城华联超市有限责任公司，开户行：中国工商银行工农路支行，账号：200734567），金额 100 000 元，填制商业承兑汇票。

# 商业承兑汇票 2

出票日期（大写）　　　　　年　月　日

<table>
<tr><td rowspan="3">付款人</td><td>全 称</td><td></td><td rowspan="3">收款人</td><td>全 称</td><td></td><td rowspan="11" style="writing-mode: vertical-rl;">此联收款人开户行随结算凭证寄付款人开户行作付出传票</td></tr>
<tr><td>账 号</td><td></td><td>账 号</td><td></td></tr>
<tr><td>开户银行</td><td></td><td>开户银行</td><td></td></tr>
</table>

| 出票金额 | 人民币<br>（大写） | | 千 | 百 | 十 | 万 | 千 | 百 | 十 | 元 | 角 | 分 |
|---|---|---|---|---|---|---|---|---|---|---|---|---|

| 汇票到期日<br>（大写） | | 付款人<br>开户行 | 行号 | |
|---|---|---|---|---|
| 交易合同代码 | | | 地址 | |

本汇票已经本单位承兑，到期无条件支付票款，此致

　　收款人

出票人签章

　　　　　年　月　日

付款人盖章

　　　　　年　月　日

13. 2014 年 4 月 21 日，采购员李小莉出差回来报销差旅费，交来火车票 2 张，汽车票 1 张，住宿费发票 2 张，填差旅费报销单、收据。

---

M0546516　　　　　　　　　　　　　　　江城A(售)

2014年04月7日14:28开　　　　　　　05车 067号

　　　　　　　　　　　　　　　　　　二等座

江城　　　　　　D107次　　　　　　上海

Jiangcheng　　　　　　　　　　　　Shanghai

¥ 295.00元

限乘当日当次车

和谐号

42010619860530 0713

---

K0327618　　　　　　　　　　　　　苏州A(售)

苏州　　　　　Z2001次　　　　　江城

Suzhou　　　　　　　　　　　　Jiangcheng

2014年04月11日10:35开　　　　08车 015号

¥ 274.00元　　　　　　　　　　硬卧

限乘当日当次车　　在3日内有效

42010619860530 0713

65

# 上海公路内河旅客运输发票

发票联

发票代码 123456789012

发票号码 12345678
盖章有效

上海 至 苏州

票价 ¥ 33.00

| 乘车日期 | 开车时间 | 车次 | 座号 | 售票员 | 检票口 |
|---|---|---|---|---|---|
| 2014.4.07 | 12：30 | 80006 | 11 | | |
| 当日当次有效 | | | 报销凭证 | | |

# 上海地方税务局通用机打发票

发票联

发票代码：23100897
发票号码：00531289

开票日期 2014 年 4 月 7 日　　　行业分类 旅店业

第一联 发票联 （付款方付款凭证） 手写无效

| 机打代码： | 2322108 | 税控装置号： | 499003246 |
|---|---|---|---|
| 机打号码： | 0012522 | 税控号： | 6948273 |

付款方： 李小莉

| 项目 | 数量（天） | 单价 | 金额 | 备注 |
|---|---|---|---|---|
| 住宿费 | 4 | 180.00 | 540.00 | |

合计金额（大写）： 伍佰肆拾元整　　　　　（小写）：540.00 元

纳税人识别号：　　　　　　　　　　　　　收款方（签章）：

# 江苏省地方税务局通用机打发票

发票联

发票代码：52388631
发票号码：13556032

开票日期 2014 年 4 月 11 日　　　行业分类 旅店业

第一联 发票联 （付款方付款凭证） 手写无效

| 机打代码： | 2752108 | 税控装置号： | 456003246 |
|---|---|---|---|
| 机打号码： | 2012522 | 税控号： | 456003246 |

付款方： 李小莉

| 项目 | 数量（天） | 单价 | 金额 | 备注 |
|---|---|---|---|---|
| 住宿费 | 4 | 140.00 | 560.00 | |

合计金额（大写）： 伍佰陆拾元整　　　　　（小写）：560.00 元

纳税人识别号：　　　　　　　　　　　　　收款方（签章）：

# 差旅费报销单

年　月　日　　　　　　　　　　　　　　　　　　单位：元

出差人：　　　　　　　　　　　　　事由：

| 起止时间地点 | | | | | | 交通费 | | | 出差补贴 | | | | | 其他 | | 附单据 |
|---|---|---|---|---|---|---|---|---|---|---|---|---|---|---|---|---|
| 月 | 日 | 起点 | 月 | 日 | 终点 | 交通工具 | 单据张数 | 金额 | 项目 | 人数 | 天数 | 补贴标准 | 金额 | 住宿费 | | 张 |
| | | | | | | | | | | | | | | | | |
| | | | | | | | | | | | | | | | | |
| | | | | | | | | | | | | | | | | |
| | | | | | | | | | | | | | | | | |
| | | | | | | | | | | | | | | | | |
| 合计：（大写） | | | | | | | | ¥ | 预支旅费 | | | 退回金额 补偿金额 | | | | |

财务主管：　　　　　　　　　　核准：　　　　　　　　　　报销人：

# 收　据

年　月　日　　　　　　　　　　　　　　　　　　第　　号

| 今收到 | | | 第三联收据 |
|---|---|---|---|
| 人民币：（大写） | | ¥ | |
| 事由： | | 现金 支票第　号 | |
| 收款单位 | 财务主管 | 收款人 | |

14. 2014 年 4 月 22 日，电汇 12 000 元支付前欠南京东方公司，汇入地：中国工商银行南京分行，账号：205968735。填制电汇凭证。

# 中国建设银行电汇凭单（回单）　1

委托日期　　年　月　日　　　　　　　　　№ 869566

<table>
<tr><td rowspan="4">汇款人</td><td>全　称</td><td></td><td rowspan="4">收款人</td><td>全　称</td><td colspan="11"></td></tr>
<tr><td>账　号</td><td></td><td>账　号</td><td colspan="11"></td></tr>
<tr><td>汇出地点</td><td>省　　市/县</td><td>汇入地点</td><td colspan="11">省　　市/县</td></tr>
<tr><td>汇出行名称</td><td></td><td>汇入行名称</td><td colspan="11"></td></tr>
<tr><td rowspan="2">金额</td><td rowspan="2"></td><td colspan="2" rowspan="2"></td><td>亿</td><td>千</td><td>百</td><td>十</td><td>万</td><td>千</td><td>百</td><td>十</td><td>元</td><td>角</td><td>分</td></tr>
<tr><td></td><td></td><td></td><td></td><td></td><td></td><td></td><td></td><td></td><td></td><td></td></tr>
<tr><td colspan="2"></td><td colspan="2">支付密码</td><td colspan="11"></td></tr>
<tr><td colspan="2" rowspan="2">汇出行签章</td><td colspan="13" rowspan="2">附加信息及用途：</td></tr>
<tr></tr>
<tr><td colspan="2"></td><td colspan="13">复核　　　　记账</td></tr>
</table>

此联是汇出行给汇款人的回单

15. 2014 年 4 月末，根据发料单编制发料凭证汇总表。

# 领　料　单

*2014 年 4 月 5 日*

领用单位：一车间

用途：生产夹心饼干　　　　　　　　　　　　　发料仓库：2 号库

| 种类 | 名称 | 规格 | 编号 | 计量单位 | 数量 请领 | 数量 实领 | 金额（元） | 用途 |
|---|---|---|---|---|---|---|---|---|
| | 面粉 | | | 千克 | 500 | 500 | | |
| | | | | | | | | |
| | | | | | | | | |
| | | | | | | | | |

领料负责人：李月　　　领料：张军　　　供应负责人：周浩明　　　保管员：吴慧

第二联　记账联

# 领　料　单

*2014 年 4 月 10 日*

领用单位：二车间

用途：葱油饼干生产　　　　　　　　　　　　　发料仓库：2 号库

| 种类 | 名称 | 规格 | 编号 | 计量单位 | 数量 请领 | 数量 实领 | 金额（元） | 用途 |
|---|---|---|---|---|---|---|---|---|
| | 面粉 | | | 千克 | 400 | 400 | | |
| | 奶油 | | | 千克 | 15 | 15 | | |
| | | | | | | | | |
| | | | | | | | | |

领料负责人：李佳　　　领料：田新　　　供应负责人：周浩明　　　保管：吴慧

第二联　记账联

# 限额领料单

领料单位：一车间                     编号：
用途：生产夹心饼干                   发料仓库：2号库

| 材料类别 | 材料名称 | 规格 | 计量单位 | 领用限额 | 全月实领 |
|---|---|---|---|---|---|
| 原材料 | 食糖 | | 千克 | 100 | 95 |
| 领料日期 | 请领数量 | 实发数量 | 领料人签章 | 发料人签章 | 限额结余 |
| 4.1 | 20 | 15 | 张军 | 吴慧 | 85 |
| 4.10 | 10 | 10 | 张军 | 吴慧 | 75 |
| 4.15 | 20 | 20 | 张军 | 吴慧 | 55 |
| 4.18 | 35 | 30 | 张军 | 吴慧 | 25 |
| 4.20 | 10 | 10 | 张军 | 吴慧 | 15 |
| 4.25 | 15 | 10 | 张军 | 吴慧 | 5 |
| 合计 | 110 | 95 | | | |

领料负责人：李月                    供应负责人：周浩明

第二联 记账联

# 领 料 单

2014年4月10日

领用单位：职工食堂
用途：职工伙食                                发料仓库：2号库

| 种类 | 名称 | 规格 | 编号 | 计量单位 | 数量 请领 | 数量 实领 | 金额（元） | 用途 |
|---|---|---|---|---|---|---|---|---|
| | 面粉 | | | 千克 | 500 | 500 | | |
| | 食糖 | | | 千克 | 10 | 8 | | |
| | 奶油 | | | 千克 | 5 | 5 | | |
| | | | | | | | | |

领料负责人：王明      领料：章茜      供应负责人：周浩明      保管员：吴慧

第二联 记账联

　　月末通过计算本企业发出面粉加权平均单价5.25元/千克，食糖加权平均单价10元/千克，奶油加权平均单价201元/千克。

# 发料凭证汇总表

年　月　日　　　　　　　　　　　　　　　　编号

| 领料部门 | 领料单张数 | 贷方科目 | 借方科目 | | | | 合计 |
|---|---|---|---|---|---|---|---|
| | | | 生产成本 | 制造费用 | 管理费用 | | |
| | | | | | | | |
| | | | | | | | |
| | | | | | | | |
| | | | | | | | |
| | | | | | | | |
| 合计 | | | | | | | |

会计主管：　　　　　记账：　　　　　审核：　　　　　填制：

16. 2014 年 4 月 30 日，本企业成本计算单如下：

# 产品成本计算单

产品名称：*夹心饼干*　　　　　　　　　　产量：5 000 箱　　　金额单位：元

| 项目 | 直接材料 | 直接人工 | 制造费用 | 合计 |
|---|---|---|---|---|
| 总成本 | *100 000* | *20 000* | *15 000* | *135 000* |
| 单位成本 | *20* | *4* | *3* | *27* |

根据产品成本计算单填制产品入库单。

# 产品入库单

年　月　日　　　　　　　　　　　　　　　第　号

| 名称 | 编号 | 单位 | 数量 | 单价 | 金额 | | | | | | | | | 备注 |
|---|---|---|---|---|---|---|---|---|---|---|---|---|---|---|
| | | | | | 百 | 十 | 万 | 千 | 百 | 十 | 元 | 角 | 分 | |
| | | | | | | | | | | | | | | |
| | | | | | | | | | | | | | | |
| | | | | | | | | | | | | | | |
| | | | | | | | | | | | | | | |

第二联　记账联

主管：　　　　　会计：　　　　　质检员：　　　　　保管员：　　　　　经手人：

17. 2014 年 4 月 30 日，本企业本月销售葱油饼干 900 箱，每箱生产成本 30 元，销售夹心饼干 1 500 箱，每箱生产成本 28 元，填制产品销售成本计算表。

# 产品销售成本计算表

年    月    日

| 产品名称 | 销售数量（箱） | 单位成本 | 总成本 |
|---|---|---|---|
|  |  |  |  |
|  |  |  |  |
|  |  |  |  |
| 合计 |  |  |  |

18. 江城食品有限公司 2014 年 4 月 30 日工资结算汇总表如下：

# 工资结算汇总表

单位：江城食品有限公司                2014 年 4 月 30 日

| 部门 | 人数 | 应发工资 | | | 缺勤应扣 | | | 应发工资 | 代扣款 | | | | 实发工资 |
|---|---|---|---|---|---|---|---|---|---|---|---|---|---|
|  |  | 标准工资 | 奖金 | 津贴 | 病假 | 事假 | 小计 |  | 养老保险 | 个人所得税 | 水电费 | 小计 |  |
| 一车间工人 | 50 | 58 500 | 4 500 | 1 300 | 1 200 | 300 |  |  | 4 800 | 1 300 | 3 230 |  |  |
| 一车间管理人员 | 6 | 6 000 | 1 200 | 600 | 150 | 30 |  |  | 576 |  | 650 |  |  |
| 二车间工人 | 8 | 10 500 | 2 300 | 800 | 900 |  |  |  | 768 |  | 420 |  |  |
| 二车间管理人员 | 2 | 1 800 | 400 | 200 | 50 | 10 |  |  | 192 |  | 180 |  |  |
| 企业管理人员 | 10 | 25 000 | 3 500 | 4 000 | 350 | 50 |  |  | 2 000 | 850 | 1 020 |  |  |
| 销售机构人员 | 2 | 2 000 | 4 000 | 3 000 |  |  |  |  | 192 | 35 | 320 |  |  |
| 长病人员 | 1 | 1 500 |  |  | 600 |  |  |  | 96 |  | 95 |  |  |
| 合计 |  |  |  |  |  |  |  |  |  |  |  |  |  |

主管：                                制表：

完成工资汇总表，编制工资费用分配汇总表。

# 工资费用分配汇总表

年    月    日

| 车间部门 | | 应分配金额 |
|---|---|---|
| 车间生产人员工资 |  |  |
|  | 生产人员工资小计 |  |
| 车间管理人员 | |  |
| 企业管理人员 | |  |
| 生活福利人员 | |  |
| 销售机构人员 | |  |
| 长期病假人员 | |  |
| 合计 | |  |

19. 2014 年 4 月 30 日，提取企业应承担职工的"五险一金"，填制"五险一金"费用计算表（工资情况见 18）。

## 职工"五险一金"费用计算表

年　月　日　　　　　　　　　　　　　　　　单位：元

| 项目 | 人数 | 计提基数 | 计提比例（%） | 计提金额 |
|---|---|---|---|---|
|  |  |  |  |  |
|  |  |  |  |  |
|  |  |  |  |  |
|  |  |  |  |  |
|  |  |  |  |  |
| 合计 |  |  |  |  |

财务主管：　　　　　　　　制表：

20. 2014 年 4 月 10 日，计算并填制"五险一金"缴款凭证。

征收机关：江城市地方税务局江汉区一所

公积金账号：423523896

## 社会保险申报表

年　月　日

| 单位名称 | | | | | |
|---|---|---|---|---|---|
| 收款银行 | | | 账号 | | |
| 项目名称 | 所属起至时期 | 品目名称 | 人数 | 金　额 | 社保号 |
|  |  |  |  |  |  |
|  |  |  |  |  |  |
|  |  |  |  |  |  |
|  |  |  |  |  |  |
| 合计（大写） | | | | | |

# 江城市住房公积金汇（补）缴书

年　月　日

| 客户填写 | 缴存单位 | | 公积金账号 | | | | | | | | | | |
|---|---|---|---|---|---|---|---|---|---|---|---|---|---|
| | 缴存金额（大写） | | 千 | 百 | 十 | 万 | 千 | 百 | 十 | 元 | 角 | 分 | |
| | 上月汇缴 | | 本月增加汇缴 | | 本月减少汇缴 | | 本月汇缴 | | | | | | |
| | 人数 | 金额 | 人数 | 金额 | 人数 | 金额 | 人数 | 金额 | | | | | |
| | | | | | | | | | | | | | |
| 受理网点填写 | | | 资金入账 | | | | | | 单位印鉴 | | | | |

21. 2014 年 4 月 30 日，本企业"应交税费——应交增值税"账户发生额及余额如下：

## 应交税费——应交增值税明细表

2014 年 4 月 30 日　　　　　　　　　　　　单位：元

| 项目 | 月初余额 | 借方发生额 | 贷方发生额 |
|---|---|---|---|
| 进项税额 | | 202 800 | |
| 销项税额 | | | 653 000 |
| 进项税额转出 | | | 2 800 |
| 已交税金 | | 240 000 | |
| 转出未交增值税 | | 213 000 | |

填制简易增值税纳税计算表。

## 应交增值税计算表

2014 年　　月　　日　　　　　　　　　　单位：元

| 项目 | 增值税 |
|---|---|
| 销项税额 | |
| 进项税额 | |
| 进项税额转出 | |
| 应交税额 | |

主管会计：　　　　　　　　　　　制表：

22. 2014 年 4 月 30 日，本企业应交增值税为 453 000 元，应交营业税 10 000 元，本企业城建税税率 7%，教育费附加征收率 3%。填制城建税及教育费附加计算表。

## 城建税及教育费附加计算表

年    月    日

| 计税依据 | 计税金额 | 城市维护建设税 | | 教育费附加 | |
|---|---|---|---|---|---|
| | | 税率 | 税额 | 征收率 | 税额 |
| | | | | | |
| | | | | | |
| | | | | | |
| 合计 | | | | | |

主管：                          制表：

23. 2014 年 5 月 10 日上缴 4 月份增值税（国税）、城建税、个人所得税、教育费附加（地税）（资料见工资结算汇总表、应交增值税纳税计算表、城建税及教育费附加计算表）。

征收机关名称：1. 国税：江城市国家税务局江汉区三所
　　　　　　　2. 地税：江城市地方税务局江汉区一所
收款国库名称：市中心支库

## 中国工商银行电子缴税付款凭证

年    月    日                          单位：元

| 纳税人单位 | | 纳税人识别号 | | |
|---|---|---|---|---|
| 付款人单位 | | 征收机关名称 | | |
| 付款人开户银行 | | | | |
| 收款国库名称 | | 缴款书交易流水号 | | |
| 税费名称 | 所属时期 | | 实缴金额 | |
| | | | | |
| | | | | |
| 合计 | | | | |
| 大写（合计）金额 | | | 小写（合计）金额 | |

第二联　付款回单

# 中国工商银行电子缴税付款凭证

年　　月　　日　　　　　　　　　　　　　单位：元

| 纳税人单位 | | 纳税人识别号 | |
|---|---|---|---|
| 付款人单位 | | 征收机关名称 | |
| 付款人开户银行 | | | |
| 收款国库名称 | | 缴款书交易流水号 | |
| 税费名称 | 所属时期 | | 实缴金额 |
| | | | |
| | | | |
| | | | |
| 合计 | | | |
| 大写（合计）金额 | | 小写（合计）金额 | |

第二联　付款回单

## 四、实训要求

根据该企业发生的经济业务按上述所给的原始凭证的格式按要求填制各种原始凭证。

在实际中，各种原始票据是由各单位不同的人员填制的，本实训要求学生扮演不同经办人员的角色，如出纳、会计、采购员、仓库保管员、银行职员、税务开票员等，对资料中提供的经济业务，逐一填制原始凭证，并签名及盖章，以明确原始凭证的传递程序，掌握各种不同原始凭证的填制方法。

## 五、实训用具

模拟印章若干，包括：江城市食品公司财务专用章一枚、发票专用章一枚、法人章（刘星印）一枚、程小灵、李娟、吴慧、王铭、张月荣私章各一枚，其余经办人可以签名代替。中国建设银行长江支行现金清讫章、转账转讫章、托收专用章、汇票专用章各一枚，工行江汉支行转账转讫章、江城市公积金中心转账转讫章、江城市国家税务局征税专用章、江城市地方税务局征税专用章各一枚。

# 实训三　原始凭证的审核

## 一、实训目的

通过本实训，使学生进一步明确原始凭证的传递程序，掌握原始凭证审核的基本方法，并提出相应的处理意见。

## 二、实训指导

为了正确反映和监督各项经济业务，确保会计资料真实、正确和合法，必须对原始凭证进行严格认真审核。各种原始凭证除由经办部门审核以外，在记账之前还要由会计部门进行审核。

（一）原始凭证的审核内容

1. 形式上的审核

形式上的审核是指对原始凭证外表形式上是否符合规定要求的审核。

应审核原始凭证所列项目是否齐全，如格式上是否符合要求，有关人员是否按规定签章；审核原始凭证文字、数字是否清晰完整，复写纸或打印的字迹是否清晰，尤其是数量、单价、金额、时间等关键部位是否清晰，易于辨认；审核数字计算是否正确，如原始凭证上的金额及合计是否准确，大小写金额是否一致等。

2. 内容上的审核

内容上的审核是指对原始凭证真实性、合法性、合理性的审核。

真实性审核是指原始凭证所记录的内容是否与经济业务的实际发生情况一致。如果采用伪造、篡改或填写与实际发生金额不符的原始凭证，或者虚开发票等，都是不符合真实性的。

审核原始凭证的真实性可审核发票的真伪，发票监制章是否异常，发票是否复写、是否有涂改、添加痕迹，有关人员是否签章等。

合法性审核是指原始凭证所记录的经济业务是否符合我国有关会计法规的规定，是否符合单位规定的审批权限和手续。

审核原始凭证的合法性可审核是否按规定开具发票。比如：是否有跨行业或跨发票种类开票；是否以收据代替发票、有非业务发生单位代开发票、开具白条；审核发票审批手续是否齐全，是否在单位预算范围之内，票据是否过了报销期等。

合理性审核是指原始凭证所反映的经济业务是否违反厉行节约、反对浪费、提高经济效益的原则。如因私购买物品、外出旅游公款报销、年终突击使用预算结余购买不需要的物品、对陈旧过时设备进行大修理等都是违反规定的情况。

（二）常用原始凭证的审核

1. 普通发票的审核

（1）审核发票开具内容是否真实，即票面各项内容所反映的业务是否为用票单位的真实情况。可审核发票"抬头"与本单位名称是否相符；开票日期、内容是否有涂改现象；是否开具"阴阳票"（发票存根联与客户报销用的记账联数据不一致）等。

（2）审核发票是否按规定开具。可审核发票是否按规定的使用范围开具，是否跨行业开具，有无转借、代开或虚开发票；各联次是否一次开具；发票各栏目是否准确无误；有关责任人是否签章；是否加盖了财务专用章或发票专用章等。

（3）审核发票是否超过单位开支标准，如差旅费、招待费、修理费、电话费等是否超过单位开支标准。如果超过单位开支标准或不合理，应退回，不予报销。

2. 增值税专用发票的审核

（1）审核增值税专用发票的开具范围。审核发生销售免税项目、向境外销售商品或应税劳务、向消费者或个人销售货物时，用票单位是否开具了增值税专用发票。

（2）审核增值税专用发票是否开具完备。审核增值税专用发票各项目是否填写齐全、全部联次是否一次性填开，上、下联的内容和金额是否一致，发票联和抵扣联是否加盖财务专用章或发票专用章，有关人员是否签章等。

（3）审核是否按照规定开具红字发票和缴销发票。按照规定，企业开具红字增值税专用发票应向税务机关提出"开具红字增值税专用发票申请单"，税务机关审核后，出具"开具红字增值税专用发票通知单"，财务人员在审核红字专用发票时应审核是否取得了这些文书。填开完毕或"填开有误"的专用发票必须在规定的期限内缴销。

3. 领料单的审核

（1）审核所领材料是否生产经营所需要。如与生产经营无关或数量相差过多，应予以退回，不予报销。

（2）审核项目是否填写齐全。审核材料用途、请领数、实领数、金额、用途等各项目是否填写齐全。

（3）审核手续是否完备。审核有关人员是否签章。

4. 入库单的审核

（1）审核入库单数量是否与发票数量相符。如不相符，是否有"入库材料短缺（溢余）报告单"说明短缺溢余原因。

（2）审核收入材料价格计算是否正确。审核购料发票和随附发票的运费等其他费用是否按规定记入收入材料价格中，计算是否正确。

（3）审核手续是否完备。审核有关人员是否签章。

5. 收据的审核

（1）审核是否符合开具收据的范围。审核是否有经营收入的开具了收据，开具的收据是否符合规定，如是否开具的是由税务部门、财政部门等监制的收据，对不符合规定的收据应拒绝接受。

（2）审核项目是否填写齐全。审核开具金额与所收款项是否相符，日期、开具事由是否齐全。

（3）审核手续是否完备。审核有关人员是否签章，是否加盖财务专用章等。

6. 支票的审核

（1）审核支票是否按规定填写。审核支票是否用碳素墨水或专用财务用笔书写，大小写金额是否相符，有无涂改，收款单位是否为本单位。

（2）审核支票各项内容是否填写齐全。审核支票日期是否大写，开户行、账号、用途、大小写金额是否填写齐全，支票是否在付款期内，是否加盖了清晰的预留银行印鉴。

（3）审核支票背书转让是否符合规定。审核背书转让的支票，其背书是否正确，背书是否连续，背书印鉴是否符合规定。

（三）原始凭证审核后的处理

对审核无误的原始凭证，应当及时核定并签字或盖章，并将审核无误的原始凭证交有关人员填制记账凭证入账。

对内容不完整、手续不齐全、计算有错误、书写不清楚的原始凭证，有权拒绝受理并退回有关部门或人员，要求及时更正或补办手续，对一切不符合国家有关法律和预算的开支，应拒绝付款和报销，对各种弄虚作假的违纪行为，应该及时报告有关领导，查明原因，严肃处理。

## 小贴士：假发票的识别

在当前经济形势下，市场活跃，发票种类繁多，内容涵盖面极广，虽然防伪技术高超，但是造假手段也五花八门，如何熟练地识别假发票，需要认真学习识别真假发票的相关知识，并在实践中积累足够的经验。

假发票归结起来大致可以分为两类：一是市场上倒卖的非税务机关监制的假发票，二是伪造经济事实的假发票。

一、识别非税务机关监制的假发票

因增值税防伪税控系统的使用，增值税专用发票造假情况相对较少，所以假发票多发生在普通发票上。普通发票的真伪，可以从以下几方面识别。

1. 看发票的纸质和印刷字体。

真发票的发票联采用水印纸印制，肉眼可见清晰的菱形水印图案，中间标有"SW"，对着光线可见水印图案呈透明状。而假发票一般用普通纸，纸质较差，印刷字体和真发票有明显差别，假发票没有税务水印防伪标志或虽有税务水印防伪标志但印制不清或印制突出。

2. 看监制章和发票号（或发票代码）。

真发票监制章和右上角发票号（或发票代码）采用荧光油墨套印，印色为大红色，在紫外线灯光下，呈橘黄色荧光反映，部分省（市）税务机关还用无色荧光油墨在发票联加了防伪暗记，在紫外线照射下呈绿色荧光。普通发票套印全国统一发票监制章，发票监制章为椭圆型，内环加一细线，上环刻制"全国统一发票监制章"字样，下环刻制"国家税务局监制"或"地方税务局监制"字样，中间分别刻制"××省××市"或"××省××县"字样，发票监制章环内字样均为楷体。一般来说，违规、违法的经济业务不会像正常的经济业务那样印章清晰。

发票的真伪还可通过互联网发票查询系统查询。

二、对虚假经济业务发票的识别

虚假经济业务发票是指开具的是真发票，但其经济业务是虚构的。虚假经济业务发票可以从以下几个方面进行鉴别。

1. 发票上的"抬头"。如果发票上的"抬头"与本单位名称不相符，有添加或涂改的现象，有可能是报销人员将外单位或私人购物的发票拿到本单位来报销。

2. 发票开具的内容是否笼统。虚假经济业务的发票内容往往笼统含糊，此类发票内容多为"办公用品"、"电脑耗材"、"打印纸"、"烟、酒、茶"、"培训费"、"宣传费"、"会议费"、"维修费"、"网络维护费"等，且发票金额较大。比如，在大型商场购买代金券，分成若干办公用品来开具，把酒店餐饮支出列入会议费，公费旅游支出开具培训费等。

3. 发票号码是否连号，或者一件事开多张发票且断号。发票号码连号，可能是虚假发票且伪造经济业务事项，同一项经济业务连开多张发票，断号号码间隔较大或者时间较长的，可作为疑点经济业务。

4. 发票字迹是否一致，填写是否错位，复写痕迹是否模糊。此类发票可能是分开填写发票存根联、记账联、发票联，报账人可以通过在限定额度内随意填写金额，达到多报账的目的。

5. 发票上记录的品名、规格、数量、单价、金额之间的关系是否异常。一些虚假经济业务为拼凑合计数值，一般会将用合计数值除以商品单价得出的数量直接填写在发票上。

6. 报销发票是否为异地发票。利用异地发票作弊具有一定的隐蔽性，报销异地发票时，要特别注意差旅费中是否只有异地住宿费而无车票等情况。

7. 其他异常情况发票。大致分为三种情况：一是频繁使用同一销售单位开具的各类商业发票。因与开票单位有特殊关系，容易取得发票而频繁使用。二是"小商店大发票"。零售小商店提供的金额较小，而从零售小商店累计开出高额发票就不正常了。三是多张餐饮、差旅发票间隔时间长，且所属不同地域，票据新旧不一等，这些都可作为疑点查证。

## 三、实训资料

以下是单位的相关部门填制和收到的原始凭证。

1.

# 借支单

*2014 年 4 月 3 日*　　　　　　　　　部门：供应部

| 借支人姓名 | 张明敏 | | 职　　务 | 业务员 | |
|---|---|---|---|---|---|
| 借支事由 | 订货会 | | | | |
| 人民币<br>（大写） | 贰仟元整 | | ￥1 000.00 | | |
| 核<br><br>准 | | 会<br><br>计 | 出<br><br>纳 | 程小灵 | 借<br>支<br>人 | 张明敏 |

2.

## ××增值税专用发票

抵扣联

№ 0087202

开票日期：2014 年 5 月 10 日

| 购买方 | 名　　　　称：江城食品有限公司<br>纳税人识别号：420107757250065<br>地址、电话：江城市扬子江路特 1 号　027–85851234<br>开户行及账号：建行长江支行　200723564 | | | | | | 密码区 | 略 |
|---|---|---|---|---|---|---|---|---|
| 货物或应税劳务、服务名称 | 规格型号 | 单位 | 数量 | 单价 | 金额 | 税率 | 税额 | |
| 面粉 | | 千克 | 500 | 10.00 | 5 000.00 | 13% | 65.00 | |
| 食糖 | | 千克 | 700 | 20.00 | 14 000.00 | 13% | 1 820.00 | |
| 合计 | | | | | | | | |
| 价税合计（大写） | 贰万壹仟肆佰柒拾元整 | | | | | | | |
| 销售方 | 名　　　　称：畅达副食品公司<br>纳税人识别号：430106965847560<br>地址、电话：黄河市中山路 1 号　028–87569856<br>开户行及账号：建设银行中山路支行　200634987 | | | | | | 备注 | |

第二联：抵扣联　购买方扣税凭证

收款人：李晔　　　　复核：　　　　开票人：宋明真　　　　销售方：

91

3.

# ××增值税普通发票

发票联

发票代码：003268957802

发票号码：1175632

购方单位：　　　　　　　　　　2014 年 5 月 15 日

| 品号及规格 | 货物或劳务名称 | 单位 | 数量 | 单价 | 金额 | | | | | | |
|---|---|---|---|---|---|---|---|---|---|---|---|
| | | | | | 千 | 百 | 十 | 元 | 角 | 分 |
| | 夹心饼干 | 盒 | 50 | 23.4 | 1 | 1 | 7 | 0 | 0 | 0 |
| | | | | | | | | | | |
| | 合计 | | | | 1 | 1 | 7 | 0 | 0 | 0 |

金额（大写）　壹仟壹佰柒拾零元 零角 零分　　　　¥1 170

备注：

开票单位盖章　　复核人：　　收款人：郑元元　　开票人：李娟

第二联　付款方报销凭证

4.

# 黄河市人民医院门诊收费收据

姓名：　　　　　　　年　月　日　　　　　NO. 564568

| 药费 | 125.00 | 理疗费 | |
|---|---|---|---|
| 注射费 | 25.00 | 住院费 | |
| 化验费 | 10.00 | 检查费 | |
| 透视费 | | 药瓶费 | |
| 治疗费 | | | |
| 心电图 | | 其他 | |
| 合计大写 | 壹佰陆拾元整 | | |

收款人：

第二联　付款单位记账凭据

5.

# 收　据

2014 年 5 月 20 日　　　　　　第　号

| 今收到： | 黄河食品厂 | | |
|---|---|---|---|
| 人民币：（大写） | 叁仟伍佰元整 | ¥3 500.00 | |
| 事由：厂房租金 420107757250065 | | 现金 支票第　√　号 | |
| 收款单位 | | 财务主管：张月荣 | 收款人：程小灵 |

第三联　收据

93

6.

# 银行承兑汇票　　2

出票日期（大写）　2014 年 5 月 10 日

| 付款人 | 全称 | 江城食品有限公司 | | 收款人 | 全称 | 黄河木材加工厂 | | | | | | | | | | |
|---|---|---|---|---|---|---|---|---|---|---|---|---|---|---|---|---|
| | 账号 | 200535687 | | | 账号 | 200634987 | | | | | | | | | | |
| | 开户银行 | 建行长江支行 | | | 开户银行 | 建设银行中山路支行 | | | | | | | | | | |
| 出票金额 | 人民币<br>（大写） | | | 千 | 百 | 十 | 万 | 千 | 百 | 十 | 元 | 角 | 分 | | | |
| | | | | | | | 4 | 4 | 3 | 0 | 0 | 0 | 0 | | | |
| 汇票到期日<br>（大写） | 2014 年 8 月 10 日 | | 付款人<br>开户行 | 行号 | 75665 | | | | | | | | | | | |
| 交易合同代码 | 1056 | | | 地址 | 黄河市解放路 2 号 | | | | | | | | | | | |

本汇票已经本标承兑，到期无条件支付票款。

出票人签章
2014 年 5 月 10 日

承兑行签章
2014 年 5 月 10 日

此联收款人开户行随结算凭证寄付款人开户行作付出传票

# 银行承兑汇票背面

一、付款人于汇票到期前须将票款足额交存开户银行，如账户余额不足，银行比照空头支票予以处罚。

二、本汇票经背书可以转让。

| 被背书人：黄河家具厂 | 被背书人：江州市木材加工厂 | 被背书人 |
|---|---|---|
| 背书 | 背书 | 背书 |
| 背书人签章<br>2014 年 6 月 10 日 | 背书人签章<br>2014 年 6 月 15 日 | 背书人签章<br>年　月　日 |

7. 采购员章明 2014 年 5 月 15 日回厂报销出差费用，他预借差旅费 3 500 元，该厂财务制度规定，因公出差，车船票、会务费实报实销，住宿费标准为每天 150 元，伙食费每天补助 30 元，交通费每天补助 20 元，超支部分不予报销，附单据 8 张。该企业借支差旅费和报销均需厂长签字，财务主管复核。

# 差旅费报销单

金额单位：元

| 起止时间地点 | | | | | | 交通费 | | | 出差补贴 | | | | | 其他 | |
|---|---|---|---|---|---|---|---|---|---|---|---|---|---|---|---|
| 月 | 日 | 起点 | 月 | 日 | 终点 | 交通工具 | 单据张数 | 金额 | 项目 | 人数 | 天数 | 补贴标准 | 金额 | 住宿费 | 会务费 |
| 4 | 2 | 黄河 | 4 | 3 | 北京 | 火车 | 1 | 289 | 伙食 | 1 | 6 | 30 | 180 | 1 000 | 750 |
| 4 | 8 | 北京 | 4 | 9 | 黄河 | 火车 | 1 | 285 | 交通 | 1 | 6 | 20 | 120 | 公文包 560 | |
| | | | | | | | | | | | | | | | |
| | | | | | | | | | | | | | | | |
| | | | | | | | | | | | | | | | |
| | | | | | | | | | | | | | | | |

合计（大写）叁仟壹佰捌拾肆整　　¥3 184.00

预支旅费：
3 500.00 元

退回金额：
316.00 元
补偿金额

主管：　　　　核准：　　　　　出纳：程小灵　　　　报销人：

附单据 8 张

---

# 收　据

2014 年 5 月 15 日　　　　　　　　　第　号

| 今收到：章明 | |
|---|---|
| 人民币：（大写）叁仟伍佰元整　　¥3 500.00 | |
| 事由：归还借支差旅费 | 现金 √<br>支票第　号 |
| | |
| 收款单位 | 财务主管 张月棠　收款人：程小灵 |

第三联 记账

97

8.

## 中国建设银行　转账支票

出票日期（大写）贰零壹肆年肆月拾壹日　　　付款行名称：建设银行长江支行

收款人：黄河木材加工厂　　　　　　　　　　出票人账号：200535687

| | 亿 | 千 | 百 | 十 | 万 | 千 | 百 | 十 | 元 | 角 | 分 |
|---|---|---|---|---|---|---|---|---|---|---|---|
| 人民币（大写）壹万伍仟陆佰元整 | | | | | 1 | 5 | 6 | 0 | 0 | 0 | 0 |

用途：＿＿＿＿＿＿＿＿＿＿＿＿

上列款项请从

我账户内支付

江城食品有限公司财务专用章

出票人签章　　　　　　　　复核　　　　　　　　记账

本支票付款期限十天

9.

# 货物运输业增值税专用发票

发票联

No. 87654568

开票日期：2014 年 1 月 10 日

31234569632

| 承运人及纳税人识别号 | 江城市红大货运公司 420107697556378 | | 密码区 | 略 | |
|---|---|---|---|---|---|
| 实际受票方式及纳税人识别号 | | | | | |
| 收货人及纳税人识别号 | 黄河食品公司 410402791903134 | | 发货人及纳税人识别号 | 江城食品有限公司 420107757250065 | |
| 起运地、经由、到运地 | 江城—黄河 | | | | |
| 费用项目及金额 | 运费 1 500.00 | | 运输货物信息 | | |
| 合计金额 | ¥1 500.00 税率 11% | | 税额 | ¥165.00 | 机器编号 |
| 费税合计 | 大写：壹仟陆佰陆拾伍元整 （小写：1 665.00 元） | | | | |
| 车种车号 | | 车船吨位 | 备注 | | |
| 主管税务机关及代码 | | | | | |

收款人：　　　　复核人：　　　　开票人：孟丽君　　　　承运人（章）：

江城市红大货运公司 420107697556378 发票专用章

第三联：发票联 受票人记账凭证

99

10.

# 收料单

供应单位：黄河面粉厂　　　　　　2014 年 4 月 25 日　　　　　　发票号码：1110325

材料类别　　　　　　　　　　　　　　　　　　　　　　　　　　材料仓库：1 号库

| 编号 | 名称 | 规格 | 单位 | 数量 | | 实际成本 | | | | | 第二联 记账联 |
| | | | | 应收 | 实收 | 买价 | | 运杂费 | 其他 | 合计 | |
| | | | | | | 单价 | 金额 | | | | |
| | 面粉 | | 千克 | 500 | 500 | 12.00 | 6 000 | 150 | | | |
| | | | | | | | | | | | |
| 合计 | | | | | | | | | | | |

主管：　　　　　　采购员：　　　　　　　　保管员：

## 四、实训要求

对上述所给的原始凭证进行审核，找出其中存在的问题，并提出处理意见。

# 模块三　　　记账凭证

## 实训四　记账凭证的填制与审核

### 一、实训目的

通过本实训，使学生熟悉记账凭证的种类、格式及填制要求，熟练掌握记账凭证的填制方法，了解记账凭证审核的基本内容。

### 二、实训指导

（一）记账凭证填制的一般要求

1. 记账凭证的基本内容

记账凭证的基本内容包括记账凭证的种类、填制日期、经济业务内容摘要、编号、会计分录、所附原始单据的张数、有关人员的签名或盖章，收付款记账凭证还要有出纳人员的签名和盖章。

2. 记账凭证的填制要求

（1）选择记账凭证的种类和格式。

记账凭证的选用要考虑经济业务的性质，单位业务量的多少。对于单位业务量较多，现金或银行存款较多的单位，可使用收款凭证、付款凭证和转账凭证。而对于规模小，业务量小的企业，可以使用通用记账凭证，实行电算化核算的企业最好采用通用记账凭证。

（2）日期的填写。

凭证的填制日期一般是会计人员填制记账凭证的日期，也可以根据管理需要填写经济业务发生日期或月末日期。例如：报销差旅费的记账凭证填写报销当天的日期；现金收付款记账凭证填写办理现金收付的日期；银行收款业务记账凭证按财会部门收到银行进账单的日期填写；银行付款业务记账凭证按财会部门开出银行付款单据日期或承付日期填写；属于计提和分配费用等转账业务应当以当月最后一天的日期填写。

（3）摘要的填写。

摘要的填写应简明扼要，表达经济业务的主要内容。在写摘要时，根据业务的性质，对不同的业务应有所侧重。

写物的摘要时应写明物的品名，如××商品入库；收付款业务，应写明收付款的性质和单位，如收××厂销货款，付××公司包装物押金；银行结算票据，应注明票据号及去向，如××号支票存银行；转账业务，应写明转账内容，如结转材料差异、结转产品销售成本；冲转业务，应写明冲转凭证的日期、经济业务内容和凭证编号，如冲销 2014 年 8 月转字 5 号凭证错记金额等。

（4）会计分录。

应根据经济业务内容，按照国家有关会计制度规定的会计科目，编制会计分录，不得任意简化或改动会计科目，或只填写科目编码。实行电算化核算的企业，除了填写会计分录外，还要填写会计科目编码。

（5）记账凭证的编号。

记账凭证应当在一个月内根据业务发生顺序按不同种类的记账凭证连续编号。通用记账凭证按经济业务的顺序编号。收款凭证、付款凭证和转账凭证可采用"字号编号法"，即收字×号，付字×号，转字×号。也可以采用"双重编号法"，即总字顺序号与类别顺序相结合，如某收款凭证为总字×号、收字×号。业务量大的单位，可使用"记账凭证编号单"、按照本单位记账凭证编号的方法，事先在编号单上印满顺序号、编号时用一个销一个，由制证人注销，在装订凭证时将编号单附上，使记账凭证的编号和张数一目了然，方便查考。

一笔经济业务需要编制多张记账凭证时，应采用"分数编号法"，如某项经济业务需要编制三张转账凭证，而该凭证的顺序号为 8 时，编号为 $8\frac{1}{3}$、$8\frac{2}{3}$、$8\frac{3}{3}$。

（6）附件数量完整。

除结账和更正错账的记账凭证外，记账凭证后面应附有原始凭证作为附件，并在记账凭证上面注明附件的张数。如果根据同一张原始凭证编制两张或两张以上的记账凭证，应注明"单据×张，附在第×号记账凭证上"，以便复核和检查。如果一张凭证所附的原始凭证数量较多，也可将原始凭证单独装订，不附在记账凭证的后面，但应在记账凭证上注明。如果一张原始凭证所列支出需要几个单位共同负担的，应将各单位负担的部分开出原始凭证分割单，并附原始凭证复印件，进行结算。原始凭证分割单必须具备原始凭证的基本内容（凭证名称、填制凭证日期、填制凭证单位名称或填制人姓名、经办人的签章或者盖章）。企业提取各项税费的记账凭证，应附自制原始凭证，列明合法的提取依据及正确的计算过程。

（7）金额登记必须字迹清楚，书写规范。

合计栏应加货币符号如"￥"，角分位不留空格，合计行只合计总账科目金额。记账凭证填制完经济业务事项后，如有空行，应当自"金额"栏最后一笔金额数字下的空行处至合计数上的空行处划线注销。填写记账凭证应当用蓝色、黑色的钢笔或专用财经用笔，红色墨水书写应在规定的范围内使用，书写字迹应规范。

（8）严格按照财务制度履行记账凭证的传递和签章。

记账凭证上必须有填制人员、审核人员、记账人员和主管会计人员签章，以明确责任。其一般程序是：填制人员填毕后签章，再由审核人员审核后签章，之后由会计主管人员复核后签章，最后由记账人员记账后签章。

（9）填写错误的记账凭证应按规定更正方法更正或作废重新填写。

记账凭证填制错误时，对于还没有登记入账的记账凭证应当重新填制；对于已经登记入账的记账凭证，在当年内发现填写错误，应用红笔填写一张与原错误凭证内容相同的凭证，在"摘要"栏内注明"订正某月某日某号凭证"。如果会计科目没有错误，只有金额错误，也可将正确数字与错误数字之间的差额另编一张记账凭证，调增金额用蓝字，调减金额用红字。发现以前年度的错误，用蓝字填制一张更正的记账凭证。

（二）记账凭证的填制方法

记账凭证必须以审核无误的原始凭证或原始凭证汇总表为依据填制。由于记账凭证反映经济业务的内容不同，其种类、格式和填制方法也有所不同。

1．专用记账凭证的填制方法

（1）收款凭证。

收款凭证是用来记录现金和银行存款收款业务的凭证，它是由出纳人员根据审核无误的原始凭证收款后编制的记账凭证。

填制方法：在收款凭证的左上角，"借方科目"栏填写"库存现金"或"银行存款"科目；在凭证内容所反映的贷方科目，应填列"库存现金"或"银行存款"科目相对应的总账科目和所属的明细科目，实行电算化的企业还必须填写该对应科目的科目编码，同时在相应的栏目填写"摘要"、"金额"、"合计"等栏目，并在空格处按规定划线注销，在收款凭证的右侧填写所附原始凭证张数，并将填制该张收款凭证所依据的原始凭证附在收款凭证的后面；相关经手人要签名盖章。审核无误的收款凭证可用来登记库存现金日记账和银行存款日记账，以及其他相关的总账和明细账，登记入账后，在"过账"栏打上"√"，表示已入账，以免重记和漏记。

# 收 款 凭 证

借方科目：*库存现金 1001*  　　　　*2014 年 4 月 12 日*  　　　　收字第 *10* 号

| 摘　要 | 科目编码 | 贷方总账科目 | 明细科目 | √ | 金　额 | | | | | | | | | | | |
|---|---|---|---|---|---|---|---|---|---|---|---|---|---|---|---|---|
| | | | | | 千 | 百 | 十 | 万 | 千 | 百 | 十 | 元 | 角 | 分 | |
| *收 A 单位包装物押金* | *224101* | *其他应付款* | *A 单位* | | | | | | 5 | 0 | 0 | 0 | 0 | | 附 单 据 |
| | | | | | | | | | | | | | | | |
| | | | | | | | | | | | | | | | 张 |
| | | | | | | | | | | | | | | | |
| 合计 | | | | | | | | ¥ | 5 | 0 | 0 | 0 | 0 | | |

财务主管：*张月荣*　　　出纳：*程小灵*　　　记账：*王铭*　　　审核：*张月荣*　　　制单：*程小灵*

（2）付款凭证。

付款凭证是用来记录现金和银行存款付款业务的凭证，它是由出纳人员根据审核无误的原始凭证付款后编制的记账凭证。

填制方法：在付款凭证的左上角，"贷方科目"栏填写"库存现金"或"银行存款"科目，在凭证内容所反映的借方科目，填列"库存现金"或"银行存款"科目相对应的总账科目和所属的明细科目，其他内容与收款凭证的填制方法类似。

# 付 款 凭 证

贷方科目：银行存款　1002　　　　　　2014 年 4 月 6 日　　　　　　付字第 5 号

| 摘　要 | 科目编码 | 借方总账科目 | 明细科目 | √ | 金 额 |
|---|---|---|---|---|---|
| | | | | | 千 百 十 万 千 百 十 元 角 分 |
| 支付货款 | 220204 | 应付账款 | 江南食品厂 | √ | 　1 5 0 0 0 0 0 0 |
| | | | | | |
| | | | | | |
| | | | | | |
| | | | | | |
| 合计 | | | | | ￥ 1 5 0 0 0 0 0 0 |

附单据　张

财务主管：张月荣　　出纳：程小灵　　记账：王铭　　审核：张月荣　　制单：程小灵

　　注意：凡属于现金与银行存款之间的相互转化业务，如将现金存入银行或从银行提取现金，一般只填付款凭证（现金付款凭证和银行付款凭证），以免重复记账。

　　（3）转账凭证。

　　转账凭证是用来记录不涉及现金和银行存款的业务时填制的凭证。填制转账凭证时，借方科目在先，贷方科目在后，实行电算化的企业还必须填写相应科目的科目编码。

# 转 账 凭 证

2014 年 4 月 15 日　　　　　　转字第 19 号

| 摘　要 | 科目编码 | 总账科目 | 明细科目 | √ | 借方金额 | √ | 贷方金额 |
|---|---|---|---|---|---|---|---|
| | | | | | 分 千 百 十 万 千 百 十 元 角 | | 千 百 十 万 千 百 十 元 角 分 |
| 生产领用材料 | 400101 | 生产成本 | 葱油饼干 | √ | 　1 5 0 0 0 0 | | |
| 生产领用材料 | 140301 | 原材料 | 面粉 | √ | | | 　1 5 0 0 0 0 |
| | | | | | | | |
| | | | | | | | |
| | | | | | | | |
| 合计 | | | | | ￥ 1 5 0 0 0 0 | | ￥ 1 5 0 0 0 0 |

附单据　张

财务主管：张月荣　　记账：王铭　　审核：张月荣　　制单：王铭

　　2. 通用记账凭证的填制方法

　　通用记账凭证是一种适合记录各种经济业务时填制的记账凭证。采用通用记账凭证的单位，不再填制收款凭证、付款凭证和转账凭证。涉及货币资金收、付款业务的记账凭证由出纳员根据审核无误的原始凭证收、付款后编制，涉及转账业务的记账凭证由会计人员根据审核无误的原始凭证编制。通用记账凭证的格式与转账凭证基本相同，编制方法也基本一致。

106

# 记 账 凭 证

*2014* 年 *4* 月 *30* 日                                        记字第 *86* 号

| 摘　要 | 科目编码 | 总账科目 | 明细科目 | √ | 借方金额 | | 贷方金额 | |
|---|---|---|---|---|---|---|---|---|
| | | | | | 千百十万千百十元角分 | √ | 千百十万千百十元角分 | 附单据 |
| 计提房屋折旧 | 410102 | 制造费用 | 折旧费 | | 3 0 0 0 0 0 0 | | | |
| | 560204 | 管理费用 | 折旧费 | | 5 5 0 0 0 0 0 | | | 1 |
| | 1602 | 累计折旧 | | | | | 8 5 0 0 0 0 0 | |
| | | | | | | | | 张 |
| | | | | | | | | |
| 合计 | | | | | ¥ 8 5 0 0 0 0 0 | | ¥ 8 5 0 0 0 0 0 | |

财务主管：*张月荣*　　出纳：　　　　记账：*王铭*　　审核：*张月荣*　　制单：*王铭*

（三）记账凭证的审核及处理

记账凭证是登记账簿的直接依据，需要严格审核，确保其正确无误。记账凭证的审核，主要包括以下几个方面：

1. 记账凭证的审核

（1）审核所附原始凭证。

审核记账凭证是否附有原始凭证，所附原始凭证的张数、手续是否齐全，内容是否合法、合理，原始凭证所记录的经济业务内容和数额与记账凭证是否一致。

（2）审核填制项目和签章等内容。

审核记账凭证所列项目是否填写完整，如填制凭证的日期、编号、摘要、科目编码、附件张数、有关人员签章等。

（3）审核会计科目。

审核记账凭证总账科目和明细科目是否填写正确，会计分录和账户对应关系是否正确，金额是否相符。

2. 记账凭证审核后的处理

在审核过程中如果发现记账凭证错误是由于原始凭证错误造成的，不得将记账凭证登记入账，应将原始凭证退回有关人员，待其改正后，编制正确的记账凭证后才能入账。

在审核过程中如果发现是记账凭证错误，对不符合规定的记账凭证不能登记入账，应视不同情况分别处理：项目不全的凭证，应补齐；错误的记账凭证，要采用规范的方法更正或重新填开，经再次审核无误后，才能据以登记账簿。

## 三、实训资料

江城食品有限公司 2014 年 1 月发生如下经济业务：

1.3 日，支付黄河面粉厂购货款和电汇手续费。

# 中国建设银行　电汇凭单（回单）　1

委托日期贰零壹肆年零壹月零叁日

No 430584

<table>
<tr><td rowspan="4">汇款人</td><td>全　　称</td><td>江城食品有限公司</td><td rowspan="4">收款人</td><td>全　　称</td><td colspan="12">黄河面粉厂</td></tr>
<tr><td>账　　号</td><td>200535687</td><td>账　　号</td><td colspan="12">200156987</td></tr>
<tr><td>汇出地点</td><td>××省 江城 市/县</td><td>汇出地点</td><td colspan="12">××省 黄河 市/县</td></tr>
<tr><td>汇出行名称</td><td>建行长江支行</td><td>汇入行名称</td><td colspan="12">工行红星支行</td></tr>
<tr><td rowspan="2">金额</td><td colspan="2" rowspan="2">人民币<br>（大写）壹拾万元整</td><td></td><td>亿</td><td>千</td><td>百</td><td>十</td><td>万</td><td>千</td><td>百</td><td>十</td><td>元</td><td>角</td><td>分</td></tr>
<tr><td></td><td></td><td></td><td></td><td>¥</td><td>1</td><td>0</td><td>0</td><td>0</td><td>0</td><td>0</td><td>0</td><td>0</td></tr>
<tr><td rowspan="3"></td><td colspan="2" rowspan="3"></td><td>支付密码</td><td colspan="13"></td></tr>
<tr><td>附加信息及用途：货款</td><td colspan="13"></td></tr>
<tr><td>汇出行签章</td><td colspan="13">复核　　　　记账</td></tr>
</table>

此联汇出行给汇款人的回单

# 中国建设银行业务收费单

**2014 年 1 月 3 日**

业务种类：□现金支票　□转账支票　☑电汇　□汇票委托书　□银行承兑商业汇票
　　　　　□贷款承诺　□查询查复　□保函　□企业验资　□其他

<table>
<tr><td rowspan="2">业务种类</td><td rowspan="2">笔数</td><td rowspan="2">工本费</td><td rowspan="2">邮电费</td><td rowspan="2">手续费</td><td rowspan="2">起止号码</td><td colspan="7">金　　额</td></tr>
<tr><td>十万</td><td>千</td><td>百</td><td>十</td><td>元</td><td>角</td><td>分</td></tr>
<tr><td>电汇</td><td>1</td><td></td><td></td><td>15.50</td><td></td><td></td><td></td><td></td><td>1</td><td>5</td><td>5</td><td>0</td></tr>
<tr><td></td><td></td><td></td><td></td><td></td><td></td><td></td><td></td><td></td><td></td><td></td><td></td><td></td></tr>
<tr><td></td><td></td><td></td><td></td><td></td><td></td><td></td><td></td><td></td><td></td><td></td><td></td><td></td></tr>
<tr><td></td><td></td><td></td><td></td><td></td><td></td><td></td><td></td><td></td><td></td><td></td><td></td><td></td></tr>
<tr><td colspan="6">合计金额（大写）壹拾伍元伍角整</td><td colspan="4">¥</td><td>1</td><td>5</td><td>5</td><td>0</td></tr>
<tr><td rowspan="2">客户预留印鉴</td><td colspan="5"></td><td colspan="7">银行业务签章</td></tr>
<tr><td colspan="5"></td><td colspan="7">复核员：　　记账员：　　验印：</td></tr>
</table>

第五联　回单

109

2.3 日，采购部苏军预借差旅费，以现金支付。

# 借支单

2014 年 1 月 3 日 部门：采购部

| 借支人姓名 | 苏军 | | | 职　务 | 业务员 | | |
|---|---|---|---|---|---|---|---|
| 借支事由 | 订货会 | | | | | | |
| 人民币<br>（大写） | 壹仟伍佰元整 | | | | （小写）¥1 500.00 | | |
| 核<br>准 | | 会<br>计 | 张月荣 | 出<br>纳 | 程小灵 | 借<br>支<br>人 | 苏军 |
| | 刘星 | | | | | | |

3.3 日，从银行提取现金备用。

## 中国建设银行
## 现金支票存根

GH42670308

附加信息 _____

_____

_____

出票日期 2014 年 1 月 3 日

| 收款人：江城食品有限公司 |
|---|
| 金　额：4 000.00 元 |
| 用　途：备用金 |

单位主管：张月荣　　会计：王铭

4.5 日，上月已付款的包装纸箱已到，验收入库。

# 收料单

供应单位：江州市纸箱厂　　　　　2014 年 1 月 5 日　　　　　发票号码：24563208
材料类别：周转材料　　　　　　　　　　　　　　　　　　材料仓库：1 号库

| 名称 | 规格 | 单位 | 数量 | | 实际成本 | | | | | 第二联 记账联 |
|---|---|---|---|---|---|---|---|---|---|---|
| | | | 应收 | 实收 | 买价 | | 运杂费 | 其他 | 合计 | |
| | | | | | 单价 | 金额 | | | | |
| 纸箱 | | 个 | 5 000 | 5 000 | 3 | 15 000 | | | 15 000 | |
| | | | | | | | | | | |
| 合计 | | | | | | | | | 15 000 | |

主管：李月　　　　　采购员：苏军　　　　　保管员：吴慧

5.6 日，从本市华夏文化用品商店购入办公用品，以现金支付，该批办公用品由车间和管理部门领用。

# ××省增值税普通发票

发票联

| 购方单位：江城食品有限公司 | | 2014 年 1 月 6 日 | | | 发票号码：24803570 | | | | | | |

| 品号及规格 | 货物或劳务名称 | 单位 | 数量 | 单价 | 金额 | | | | | | |
|---|---|---|---|---|---|---|---|---|---|---|---|
| | | | | | 千 | 百 | 十 | 元 | 角 | 分 |
| | 记录本 | 本 | 20 | 10 | | 2 | 0 | 0 | 0 | 0 |
| | 档案盒 | 个 | 20 | 12 | | 2 | 4 | 0 | 0 | 0 |
| | | | | | | | | | | |
| | | | | | ¥ | 4 | 4 | 0 | 0 | 0 |

金额（大写）  ⊗仟 肆 佰 肆 拾零 元 零 角 零分    ¥440.00

备注：付款方式：现金  支票

开票单位盖章：  复核人：  收款人：张洁  开票人：田梅

第二联  付款方报销凭证

# 办公用品领用表

2014 年 1 月 6 日                                    金额单位：元

| | 管理部门 | | | 制造费用 | | | 销售部门 | | |
|---|---|---|---|---|---|---|---|---|---|
| | 数量 | 单价 | 金额 | 数量 | 单价 | 金额 | 数量 | 单价 | 金额 |
| 记录本 | 15 本 | 10 | 150 | 5 本 | 10 | 50 | | | |
| 档案盒 | 15 个 | 12 | 180 | 5 个 | 12 | 60 | | | |
| | | | | | | | | | |
| | | | | | | | | | |
| | | | | | | | | | |
| 合计 | | | 330 | | | 110 | | | |

审批：夏亮              制表：王薇

6.6 日，购入原材料面粉，款项以银行存款支付，面粉已入库。

113

发票联

开票日期：2014 年 1 月 6 日

| 购买方 | 名　　称：江城食品有限公司<br>纳税人识别号：420107757250065<br>地 址 、电 话：江城市扬子江路特 1 号　027-85851234<br>开户行及账号：建行长江支行　200535687 | | 密码区 | 略 | |
|---|---|---|---|---|---|

| 货物或应税劳务、服务名称 | 规格型号 | 单位 | 数量 | 单价 | 金额 | 税率 | 税额 |
|---|---|---|---|---|---|---|---|
| 精制面粉 | | 千克 | 1 000 | 5.20 | 5 200.00 | 13% | 676.00 |
| | | | | | | | |
| 合计 | | | | | 5 200.00 | | 676.00 |

| 价税合计（大写） | 伍仟捌佰柒拾陆元整 | （小写）￥5 876.00 |
|---|---|---|

| 销售方 | 名　　称：江城市面粉厂<br>纳税人识别号：420106786437504<br>地 址 、电 话：江城市解放大道 6 号　83834587<br>开户行及账号：工商银行解放支行　200567321 | 备注 | 420106786437506 |
|---|---|---|---|

收款人：李莉　　　复核：　　　开票人：方圆　　　销售方：

第三联：发票联　购买方记账凭证

---

×× 增值税专用发票　No 00181936

抵扣联

开票日期：2014 年 1 月 6 日

| 购买方 | 名　　称：江城食品有限公司<br>纳税人识别号：420107757250065<br>地 址 、电 话：江城市扬子江路特 1 号　027-85851234<br>开户行及账号：建行长江支行　200535687 | | 密码区 | 略 | |
|---|---|---|---|---|---|

| 货物或应税劳务、服务名称 | 规格型号 | 单位 | 数量 | 单价 | 金额 | 税率 | 税额 |
|---|---|---|---|---|---|---|---|
| 精制面粉 | | 千克 | 1 000 | 5.20 | 5 200.00 | 13% | 676.00 |
| | | | | | | | |
| 合计 | | | | | 5 200.00 | | 676.00 |

| 价税合计（大写） | 伍仟捌佰柒拾陆元整 | （小写）￥5 876.00 |
|---|---|---|

| 销售方 | 名　　称：江城市面粉厂<br>纳税人识别号：420106786437504<br>地 址 、电 话：江城市解放大道 6 号　027-83834587<br>开户行及账号：工商银行解放支行　200567321 | 备注 | 420106786437506 |
|---|---|---|---|

收款人：李莉　　　复核：　　　开票人：方圆　　　销售方：

第二联：抵扣联　购买方扣税凭证

中国建设银行
转账支票存根

GV00287543

附加信息 _____

_____

出票日期 *2014* 年 *1* 月 *6* 日

| 收款人： | *江城市面粉厂* |
|---|---|
| 金　额： | *5 876.00 元* |
| 用　途： | *货款* |

单位主管：*张月荣*　　会计：*王铭*

# 收料单

供应单位：*江城市面粉厂*　　　　*2014* 年 *1* 月 *6* 日　　　　发票号码：*00181936*

材料类别：*原材料*　　　　　　　　　　　　　　　　　　　　材料仓库：*1 号库*

| 编号 | 名称 | 规格 | 单位 | 数量 | | 实际成本 | | | | | 第二联 |
|---|---|---|---|---|---|---|---|---|---|---|---|
| | | | | 应收 | 实收 | 买价 | | 运杂费 | 其他 | 合计 | 记账联 |
| | | | | | | 单价 | 金额 | | | | |
| | *面粉* | | *千克* | *1 000* | *1 000* | *5.20* | *5 200* | | | *5 200* | |
| | | | | | | | | | | | |
| 合计 | | | | | | | | | | *5 200* | |

主管：*李月*　　　　　采购员：　　　　　　保管员：*吴慧*

7.7 日，申请办理银行汇票业务。

# 银行汇票申请书（存根）　　　1

申请日期 *2014* 年 *1* 月 *7* 日　　　　　　　　　　No 762668

| 汇款人 | *江城食品有限公司* | 收款人 | *江河食品公司* | | | | | | | | |
|---|---|---|---|---|---|---|---|---|---|---|---|
| 账号或住址 | *建行长江支行* *200535687* | 账号或住址 | *工行吉庆支行* *200636681* | | | | | | | | |
| 用途 | *购货款* | 代理付款行 | | | | | | | | | |
| 汇款金额：（大写） *捌万元整* | | | | 百 | 十 | 万 | 千 | 百 | 十 | 元 | 角 分 |
| | | | | | ¥ | 8 | 0 | 0 | 0 | 0 | 0 0 |
| 备注：*购货款* | | 科目： | | | | | | | | | |
| | | 对方科目： | | | | | | | | | |
| | | 财务主管：　　复核：　　经办： | | | | | | | | | |

此联由申请人留存

117

8.10 日，以存款支付上月增值税、城建税、教育费附加和个人所得税。

# 中国工商银行电子缴税付款凭证　　2

2014 年 1 月 10 日　　　　　　　　　　单位：元

| 纳税人单位 | 江城食品有限公司 | 纳税人识别号 | 420107757250065 |
| --- | --- | --- | --- |
| 付款人单位 | 江城食品有限公司 | 征税机关名称 | 江城市国家税务局江汉区三所 |
| 付款人开户银行 | 工行江汉路支行 | 账号 | 200535687 |
| 收款国库名称 | 市中心支库 | 缴款书交易流水号 | |
| 税费名称 | 所属时期 | | 实缴金额 |
| 增值税 | 2013 年 12 月 1 日－12 月 31 日 | | 50 000 |
| | | | |
| | | | |
| 合计 | | | 50 000 |
| 金额合计（大写）伍万元整 | | | （小写）￥50 000.00 |

中国工商银行江汉支行
2014.01.10
转　账

第二联　付款回单

# 中国工商银行电子缴税付款凭证　　2

2014 年 1 月 10 日　　　　　　　　　　单位：元

| 纳税人单位 | 江城食品有限公司 | 纳税人识别号 | 420107757250065 |
| --- | --- | --- | --- |
| 付款人单位 | 江城食品有限公司 | 征税机关名称 | 江城市地方税务局江汉区一所 |
| 付款人开户银行 | 工行江汉路支行 | 账号 | 200535687 |
| 收款国库名称 | 市中心支库 | 缴款书交易流水号 | |
| 税费名称 | 所属时期 | | 实缴金额 |
| 城建税 | 2013 年 12 月 1 日－12 月 31 日 | | 3 500 |
| 教育费附加 | 2013 年 12 月 1 日－12 月 31 日 | | 1 500 |
| 个人所得税 | 2013 年 12 月 1 日－12 月 31 日 | | 1 088 |
| 合计 | | | 6 088 |
| 金额合计（大写）陆仟零捌拾捌元整 | | | （小写）￥6 088.00 |

中国工商银行江汉支行
2014.01.10
转　账

第二联　付款回单

9.10 日，以银行存款支付上月应交的"五险一金"。

## 社会保险申报表

2014 年 1 月 10 日

| 单位名称 | 江城食品有限公司 | | | | | |
|---|---|---|---|---|---|---|
| 收款银行 | 中国工商银行江汉支行 | | 账号 | | 200535687 | |
| 项目名称 | 所属起至时期 | 品目代码 | 人数 | 金 额 | | 社保号 |
| 基本养老保险 | 2013 年 12 月 1 日 -31 日 | 40010000 | 46 | 15 456.00 | | 4365879 |
| 基本医疗保险 | 2013 年 12 月 1 日 -31 日 | 41010000 | 46 | 5 520.00 | | 4365879 |
| 失业保险 | 2013 年 12 月 1 日 -31 日 | 42010000 | 46 | 1 656.00 | | 4365879 |
| 工伤保险 | 2013 年 12 月 1 日 -31 日 | 43010000 | 46 | 276.00 | | 4365879 |
| 生育保险 | 2013 年 12 月 1 日 -31 日 | 44010000 | 46 | 386.40 | | 4365879 |
| 合计（大写）贰万叁仟贰佰玖拾肆元肆角整 | | | | | （小写）￥23 294.40 | |

中国工商银行江汉支行
2014.01.10
转 账
转讫

## 江城市住房公积金汇（补）缴书

2014 年 1 月 10 日

<table>
<tr><td rowspan="3">客户填写</td><td>缴存单位</td><td>江城食品有限公司</td><td>公积金账号</td><td colspan="10">423523896</td></tr>
<tr><td>缴存金额<br>（大写）</td><td>壹万壹仟零肆拾元整</td><td></td><td>千</td><td>百</td><td>十</td><td>万</td><td>千</td><td>百</td><td>十</td><td>元</td><td>角</td><td>分</td></tr>
<tr><td></td><td></td><td></td><td></td><td></td><td>￥</td><td>1</td><td>1</td><td>0</td><td>4</td><td>0</td><td>0</td><td>0</td></tr>
</table>

| | 上月汇缴 | | 本月增加汇缴 | | 本月减少汇缴 | | 本月汇缴 | |
|---|---|---|---|---|---|---|---|---|
| | 人数 | 金额 | 人数 | 金额 | 人数 | 金额 | 人数 | 金额 |
| | | | | | | | 46 | 11 040.00 |

受理网点填写

资金入账

中国工商银行江汉支行
2014.01.10
转 账
转讫

单位印鉴

第三联 企业留存

121

10.10 日，销售产品，开出支票为购货方代垫运费，已办妥托收手续。

## ××增值税专用发票　　　　　№ 07154786

### 记账联

开票日期：2014 年 1 月 10 日

| 购买方 | 名　　称：黄河食品公司<br>纳税人识别号：410402791903134<br>地 址 、电 话：黄河市中山路特 1 号　0715-7608629<br>开户行及账号：农行天河路分理处　201423180 | | | | | | 密码区 | 略 |
|---|---|---|---|---|---|---|---|---|

| 货物或应税劳务、服务名称 | 规格型号 | 单位 | 数量 | 单价 | 金额 | 税率 | 税额 |
|---|---|---|---|---|---|---|---|
| 葱油饼干 | | 箱 | 2 000 | 40.00 | 80 000.00 | 17% | 13 600.00 |
| 巧克力饼干 | | 箱 | 2 600 | 60.00 | 156 000.00 | 17% | 26 520.00 |
| 合计 | | | | | 236 000.00 | | 40 120.00 |

| 价税合计（大写） | 贰拾柒万陆仟壹佰贰拾元整 | （小写）￥276 120.00 |
|---|---|---|

| 销售方 | 名　　称：江城食品有限公司<br>纳税人识别号：420107757250065<br>地 址 、电 话：江城市扬子江路特 1 号　027-85851234<br>开户行及账号：建行长江支行　200535687 | 备注 |
|---|---|---|

江城食品有限公司
420107757250065
发票专用章

收款人：程小灵　　　复核：　　　　开票人：李娟　　　销售方：

第一联：记账联　销售方记账凭证

## 出库单

收货单位：黄河食品公司　　　　2014 年 1 月 10 日　　　　金额单位：元

| 货号名称 | 规格 | 单位 | 数量 | 单价 | 金额 | 备注 |
|---|---|---|---|---|---|---|
| 葱油饼干 | | 箱 | 2 000 | | | |
| 巧克力饼干 | | 箱 | 2 600 | | | |
| | | | | | | |
| 合计 | | | 4 600 | | | |

会计：　　　仓库主管：李月　　　保管：吴慧　　　经手人：付星

123

# 货物运输业增值税专用发票

发票联

No. 87654568

31234569632

开票日期：2014 年 1 月 10 日

| 承运人及纳税人识别号 | 江城市红大货运公司 420107697556378 | 密码区 | 略 |
|---|---|---|---|
| 实际受票方式及纳税人识别号 | | | |
| 收货人及纳税人识别号 | 黄河食品公司 410402791903134 | 发货人及纳税人识别号 | 江城食品有限公司 420107757250065 |
| 起运地、经由、到运地 | 江城—黄河 | | |
| 费用项目及金额 | 运费 1 500.00 | 运输货物信息 | |

| 合计金额 | ￥1 500.00 | 税率 | 11% | 税额 | ￥165.00 | 机器编号 | |
|---|---|---|---|---|---|---|---|
| 费税合计 | 大写：壹仟陆佰陆拾伍元整 （小写：1 665.00 元） | | | | | | |
| 车种车号 | | 车船吨位 | | 备注 | | | |
| 主管税务机关及代码 | | | | | | | |

收款人：　　　　复核人：　　　　开票人：孟丽君　　　　承运人（章）：

第三联：　发票联　受票人记账凭证

---

## 中国建设银行
## 转账支票存根

GV00287544

附加信息 _____

_____

出票日期 2014 年 1 月 10 日

| 收款人：江城市红大货运公司 |
|---|
| 金　额：1 665.00 |
| 用　途：运费 |

单位主管：张月荣　　会计：王铭

125

# 托收承付结算凭证（回单）　　1

托收日期 *2014* 年 *1* 月 *10* 日　　　　　　　　　托收号码：901278

<table>
<tr><td rowspan="3">付款人</td><td>全　称</td><td>黄河食品公司</td><td rowspan="3">收款人</td><td>全　称</td><td colspan="2">江城食品有限公司</td></tr>
<tr><td>账　号</td><td>201423180</td><td>账　号</td><td colspan="2">200535687</td></tr>
<tr><td>开户银行</td><td>农行天河路支行</td><td>开户银行</td><td>建行长江支行</td><td>行号</td></tr>
</table>

| 委托金额 | 人民币 | 贰拾柒万柒仟柒佰捌拾伍元整 | 千 | 百 | 十 | 万 | 千 | 百 | 十 | 元 | 角 | 分 |
|---|---|---|---|---|---|---|---|---|---|---|---|---|
| | | | | ¥ | 2 | 7 | 7 | 7 | 8 | 5 | 0 | 0 |

| 附件 | | 商品发运情况 | 合同名称、号码 |
|---|---|---|---|
| 附寄单证张数或册数 | 4 | 已发运 | |

| 备注： | | 款项收妥日期<br>*2014* 年 *01* 月 *10* 日 | 付款人开户银行盖章<br><br>　　　　　　　　年　月　日 |
|---|---|---|---|

（印章）中国建设银行长江支行 2014.01.10 托收专用章

单位主管：　　　　会计：　　　　复核：　　　　记账：

---

11.12 日，向银行借入借款。

# 借款借据（代收账通知）

贷款日期 *2014* 年 *1* 月 *12* 日

| 借款单位 | 江城食品有限公司 | 借款户账号 | 226487 |
|---|---|---|---|
| | | 存款户账号 | 200535687 |

| 人民币（大写）壹拾伍万元整 | 万 | 千 | 百 | 十 | 万 | 千 | 百 | 十 | 元 | 角 | 分 |
|---|---|---|---|---|---|---|---|---|---|---|---|
| | | | | ¥ | 1 | 5 | 0 | 0 | 0 | 0 | 0 | 0 |

| 借款种类 | 短期 | 约定还款日 *2014* 年 *7* 月 *11* 日 | 利率 | 7.6% |
|---|---|---|---|---|
| 实际支款金额 | 150 000 | 展期到期日　　年　月　日 | 利率 | |

| 借款单位预留财务专用章及法人代表签章 | 担保单位户名<br>担保单位账号<br>担保单位开户银行 | 担保单位公章<br>担保单位法人代表章<br>记账 |
|---|---|---|

（印章）中国建设银行长江支行 2014.01.12 转账 转讫

行长：*方大华*　　　　科（处）长：*王国平*　　　　信贷员：*沈力*

127

12.13 日，购入货运汽车一辆，开出期限为 3 个月的商业承兑汇票一张。

## ××增值税专用发票　　　　　No 00456987

**发票联**

开票日期：2014 年 1 月 13 日

| 购买方 | 名　　　称：江城食品有限公司<br>纳税人识别号：420107757250065<br>地址、电话：江城市扬子江路特 1 号　027-85851234<br>开户行及账号：建行长江支行　200535687 | | | | | | 密码区 | 略 |
|---|---|---|---|---|---|---|---|---|

| 货物或应税劳务、服务名称 | 规格型号 | 单位 | 数量 | 单价 | 金额 | 税率 | 税额 |
|---|---|---|---|---|---|---|---|
| 货运汽车 | HY22 | 辆 | 1 | 150 000.00 | 150 000.00 | 17% | 25 500.00 |
| 合计 | | | | | 150 000.00 | | 25 500.00 |

| 价税合计（大写） | 壹拾柒万伍仟伍佰元整 | （小写）￥175 500.00 |
|---|---|---|

| 销售方 | 名　　　称：东风汽车公司<br>纳税人识别号：420106078986818<br>地址、电话：江城市东风大道特 1 号　027-84857966<br>开户行及账号：建行东风支行　200179688 | 备注 |
|---|---|---|

收款人：黄建中　　　复核：　　　开票人：王莺　　　销售方：

第三联：发票联　购买方记账凭证

## ××增值税专用发票　　　　　No 00456987

**抵扣联**

开票日期：2014 年 1 月 13 日

| 购买方 | 名　　　称：江城食品有限公司<br>纳税人识别号：420107757250065<br>地址、电话：江城市扬子江路特 1 号　027-85851234<br>开户行及账号：建行长江支行　200535687 | | | | | | 密码区 | 略 |
|---|---|---|---|---|---|---|---|---|

| 货物或应税劳务、服务名称 | 规格型号 | 单位 | 数量 | 单价 | 金额 | 税率 | 税额 |
|---|---|---|---|---|---|---|---|
| 货运汽车 | HY22 | 辆 | 1 | 150 000.00 | 150 000.00 | 17% | 25 500.00 |
| 合计 | | | | | 150 000.00 | | 25 500.00 |

| 价税合计（大写） | 壹拾柒万伍仟伍佰元整 | （小写）￥175 500.00 |
|---|---|---|

| 销售方 | 名　　　称：东风汽车公司<br>纳税人识别号：420106078986818<br>地址、电话：江城市东风大道特 1 号　027-84857966<br>开户行及账号：建行东风支行　200179688 | 备注 |
|---|---|---|

收款人：黄建中　　　复核：　　　开票人：王莺　　　销售方：

第二联：抵扣联　购买方扣税凭证

129

## 商业承兑汇票（卡片）

No 679432

出票日期（大写）　　贰零壹肆年零壹月壹拾叁日

| 付款人 | 全　称 | 江城食品有限公司 | 收款人 | 全　称 | 东风汽车公司 |
|---|---|---|---|---|---|
| | 账　号 | 200535687 | | 账　号 | 200179688 |
| | 开户银行 | 建行长江支行 | | 开户银行 | 建行东风支行 |

| 出票金额 | 人民币（大写）壹拾柒万伍仟伍佰元整 | 千 | 百 | 十 | 万 | 千 | 百 | 十 | 元 | 角 | 分 |
|---|---|---|---|---|---|---|---|---|---|---|---|
| | | | ￥ | 1 | 7 | 5 | 5 | 0 | 0 | 0 | 0 |

| 汇票到期日（大写） | 贰零壹肆年零肆月壹拾叁日 | 付款人开户行 | 行号 | |
|---|---|---|---|---|
| 交易合同代码 | | | 地址 | 江城市扬子江路8号 |

| 本汇票已经本单位承兑，到期日无条件支付票款，此致　收款人 | 备注： |
|---|---|

出票人签章

（印章：江城食品有限公司财务专用章 刘星印）

## 固定资产验收单

设置编号　　　　　　　　　　　　　入账时间：2014年1月13日

| 领用单位 | | 科室名称 | | 分类号 | | |
|---|---|---|---|---|---|---|
| 设备名称 | 货运汽车 | | | | 国　别 | |
| 型　号 | HY22 | | 技术指标 | | | |
| 数　量 | 1 | 单　价 | 150 000 元 | 总　价 | 150 000 元 | |
| 厂　家 | 东风汽车 | | | 使用方向 | 销售送货 | |
| 验收合格日期 | 2013年9月 | 出厂日期 | 2013年9月 | 出厂号 | | |
| 经营科目 | | 单据号 | | 备　注 | | |

领用人：　　　　　验收人：夏风　　　　　经手人：李伟

13.14 日，通过本地红十字基金会向四川灾区捐款，开出支票。

# 公益性单位接受捐赠统一收据

收款日期 2014 年 1 月 14 日

| 付款单位<br>（交款人） | 江城食品<br>有限公司 | 收款单位<br>（收款人） | 中国红十字<br>基金会江城分会 | 收款项目 | | 捐赠 |
|---|---|---|---|---|---|---|

| 人民币<br>（大写） | 伍万元整 | 千 | 百 | 十 | 万 | 千 | 百 | 十 | 元 | 角 | 分 | 结算方式 |
|---|---|---|---|---|---|---|---|---|---|---|---|---|
| | | | | ¥ | 5 | 0 | 0 | 0 | 0 | 0 | 0 | 转账 |

| 收款事由 | 四川灾区捐款 | 经办 | 部门 | |
|---|---|---|---|---|
| | | | 人员 | |

| 上述款项照数收讫无误<br>收讫单位财会专用章<br>（领款人签章） | 会计主管 | 稽核 | 出纳 | 交款人 |
|---|---|---|---|---|
| | | | 何红 | |

中国红十字基金会江城分会财会专用章

第二联　收款单位记账凭据

---

## 中国建设银行
## 转账支票存根

GV00287546

附加信息

_____

_____

出票日期 2014 年 1 月 14 日

| 收款人： | 中国红十字基金会江城分会 |
|---|---|
| 金　额： | 50 000.00 |
| 用　途： | 捐赠 |

单位主管：张月荣　　会计：王铭

---

14. 15 日，报销职工张大宝医药费，以现金支付。

# 江城市第一医院门诊收费收据

姓名：张大宝　　　　2014 年 1 月 15 日　　　　№ 123456

第二联　收款单位记账凭据

| 药费 | 420 | 理疗费 | |
|---|---|---|---|
| 注射费 | | 住院费 | |
| 化验费 | | 检查费 | |
| 透视费 | | 药瓶费 | |
| 治疗费 | | | |
| 心电图 | | 其他 | |
| 合计 | （大写）肆佰贰拾元整 | | （小写）¥420.00 |

收款人：吴霞

15. 16 日，10 日托收的销货款已收回。

# 托收承付结算凭证（收账通知）　　4

2014 年 1 月 10 日　　　　托收号码：901278

| 付款人 | 全　称 | 黄河食品公司 | 收款人 | 全　称 | 江城食品有限公司 | | | | | | | | | | |
|---|---|---|---|---|---|---|---|---|---|---|---|---|---|---|---|
| | 账　号 | 201423180 | | 账　号 | 200535687 | | | | | | | | | | |
| | 开户银行 | 农行天河路分理处 | | 开户银行 | 建行长江支行 | | 行号 | | | | | | | | |

| 委托金额 | 人民币 | 贰拾柒万柒仟柒佰捌拾伍元整 | 千 | 百 | 十 | 万 | 千 | 百 | 十 | 元 | 角 | 分 |
|---|---|---|---|---|---|---|---|---|---|---|---|---|
| | | | | ¥ | 2 | 7 | 7 | 7 | 8 | 5 | 0 | 0 |

| | 附件 | 商品发运情况 | 合同名称、号码 |
|---|---|---|---|
| 附寄单证张数或册数 | 4 | 已发运 | |
| 备注： | | | 付款人开户银行盖章 |
| 款项收妥日期 2014 年 1 月 16 日 | | | 年　月　日 |

单位主管：　　　会计：　　　复核：　　　记账：

此联是收款人开户银行给收款人的收账通知

16. 16 日购入材料，购货款和运费以银行汇票支付，余款退回。

## ××增值税专用发票

No 00987654

发票联

开票日期：2014 年 1 月 16 日

| 购买方 | 名　　　称：江城食品有限公司<br>纳税人识别号：420107757250065<br>地　址、电话：江城市扬子江路特 1 号　027-85851234<br>开户行及账号：建行长江支行　200535687 | | | | | 密码区 | 略 |
|---|---|---|---|---|---|---|---|

| 货物或应税劳务、服务名称 | 规格型号 | 单位 | 数量 | 单价 | 金额 | 税率 | 税额 |
|---|---|---|---|---|---|---|---|
| 面粉 | | 千克 | 3 000 | 5.00 | 150 000.00 | 17% | 2 550.00 |
| 巧克力 | | 千克 | 500 | 100.00 | 50 000.00 | 17% | 8 500.00 |
| 合计 | | | | | 65 000.00 | | 11 050.00 |

| 价税合计（大写） | 柒万陆仟零伍拾元整 | （小写）￥76 050.00 |
|---|---|---|

| 销售方 | 名　　　称：江河食品有限公司<br>纳税人识别号：430202367542266<br>地　址、电话：沙口市吉庆路 28 号　0725-4668558<br>开户行及账号：工行吉庆支行　2006366816 | 备注 |
|---|---|---|

收款人：李利　　　复核：　　　开票人：李伟　　　销售方：

第三联：发票联　购买方记账凭证

---

## ××增值税专用发票

No 00987654

抵扣联

开票日期：2014 年 1 月 16 日

| 购买方 | 名　　　称：江城食品有限公司<br>纳税人识别号：420107757250065<br>地　址、电话：江城市扬子江路特 1 号　027-85851234<br>开户行及账号：建行长江支行　200535687 | | | | | 密码区 | 略 |
|---|---|---|---|---|---|---|---|

| 货物或应税劳务、服务名称 | 规格型号 | 单位 | 数量 | 单价 | 金额 | 税率 | 税额 |
|---|---|---|---|---|---|---|---|
| 面粉 | | 千克 | 3 000 | 5.00 | 150 000.00 | 17% | 2 550.00 |
| 巧克力 | | 千克 | 500 | 100.00 | 50 000.00 | 17% | 8 500.00 |
| 合计 | | | | | 65 000.00 | | 11 050.00 |

| 价税合计（大写） | 柒万陆仟零伍拾元整 | （小写）￥76 050.00 |
|---|---|---|

| 销售方 | 名　　　称：江河食品有限公司<br>纳税人识别号：430202367542266<br>地　址、电话：沙口市吉庆路 28 号　0725-4668558<br>开户行及账号：工行吉庆支行　2006366816 | 备注 |
|---|---|---|

收款人：李利　　　复核：　　　开票人：李伟　　　销售方：

第二联：抵扣联　购买方扣税凭证

# 货物运输业增值税专用发票

发票联

No. 87654568

31234569632

开票日期：2014 年 1 月 16 日

国统一发票监制 国家税务总局监制

| 承运人及纳税人识别号 | 江城市红大货运公司 420107697556378 | 密码区 | 略 |
|---|---|---|---|
| 实际受票方式及纳税人识别号 | | | |
| 收货人及纳税人识别号 | 江城食品有限公司 420107757250065 | 发货人及纳税人识别号 | 江河食品公司 430202367542266 |
| 起运地、经由、到运地 | 沙口—江城 | | |
| 费用项目及金额 | 运费 600.00 | 运输货物信息 | |
| 合计金额 | ¥600.00　税率　11% | 税额　¥66.00 | 机器编号 |
| 费税合计 | 大写：陆佰陆拾陆元整　（小写：666.00 元） | | |
| 车种车号 | | 车船吨位 | 备注 |
| 主管税务机关及代码 | | | |

收款人：　　　　复核人：　　　　开票人：孟丽君　　　　承运人（章）：

江城市红大货运公司 420107697556378 发票章

第三联：　发票联　受票人记账凭证

---

# 中国建设银行银行汇票

4　№ 762668

第　　号

| 付款期限 壹个月 | | |
|---|---|---|

出票日期：贰零壹肆年零壹月零柒日　　代理付款行：建行长江支行　　行号

收款人：江河食品公司　　账号：2006366815

出票金额：人民币（大写）捌万元整

| | | 千 | 百 | 十 | 万 | 千 | 百 | 十 | 元 | 角 | 分 |
|---|---|---|---|---|---|---|---|---|---|---|---|
| 实际结算金额：人民币（大写）柒万陆仟柒佰壹拾陆元整 | | | | ¥ | 7 | 6 | 7 | 1 | 6 | 0 | 0 |

申请人：江城食品有限公司　　账号或住址：200535687 江城市扬子江路特 1 号

出票行：中国建设银行长江支行

备　注：购领款

凭票付款

| 多余金额 | | | | | | | | | 左列退回多余款项已收入你账户内 |
|---|---|---|---|---|---|---|---|---|---|
| 百 | 十 | 万 | 千 | 百 | 十 | 元 | 角 | 分 | |
| | | ¥ | 3 | 2 | 8 | 4 | 0 | 0 | |

建行长江支行 2014.01.17 汇票专用章

出票行签章

复核　　　经办

此联在出票行结清余款后交申请人

139

17.16日，收回上月销货款。

## 中国建设银行支付系统专用凭证

№ 568568

| | |
|---|---|
| 报文种类：汇兑 | 交易种类： 业务种类：普通汇兑 |
| 发起行行号：30852201 | 支付交易序号： |
| 付款人账号：201423180 | 委托日期：2014 年 1 月 16 日 |
| 付款人名称：黄河食品公司 | |
| 接受人行号：10306256 | 收报日期：2014 年 1 月 16 日 |
| 收款人账号：200535687 | |
| 收款人名称：江城食品有限公司 | |
| 货币名称、金额（大写）：人民币壹拾万元整 | |
| 货币名称、金额（小写）：RMB100 000.00 | |
| 附言：销货款 | |
| 会计分录 | |
| 流水号： | 打印时间：2014 年 1 月 16 日 |
| 第二联：作客户通知单 会计： 复核： 记账： | |

（印章：中国建设银行长江支行 2014.01.16 转账 转讫）

18.17日，苏军出差回来报销差旅费。

## 差旅费报销单

2014 年 1 月 17 日

出差人：苏军　　　　　　事由：订货会　　　　　　　　　　单位：元

| 起止时间地点 | | | | | | 交通费 | | | 出差补贴 | | | | | 其他 |
|---|---|---|---|---|---|---|---|---|---|---|---|---|---|---|
| 月 | 日 | 起点 | 月 | 日 | 终点 | 交通工具 | 单据张数 | 金额 | 项目 | 人数 | 天数 | 补贴标准 | 金额 | 住宿费 |
| 1 | 11 | 江城 | 1 | 12 | 北京 | 火车 | 1 | 260 | 生活补助 | 1 | 7 | 30 | 210 | 600 |
| 1 | 16 | 北京 | 1 | 17 | 江城 | 火车 | 1 | 260 | 交通补贴 | 1 | 7 | 20 | 140 | |
| | | | | | | | | | | | | | | |
| | | | | | | | | | | | | | | |
| | | | | | | | | | | | | | | |

附单据 7 张

| 合计：（大写）壹仟肆佰柒拾元整 | （小写）¥1 470.00 | 预支旅费 | 1 500 | 退回金额 30 |
|---|---|---|---|---|
| | | | | 补偿金额 |

主管：张月荣　　　　　　核准：刘星　　　　　　报销人：苏军

# 收 据

*2014 年 1 月 17 日*                                          第　　号

| | |
|---|---|
| 今收到 苏军 | |

人民币：（大写）叁拾元整　　　　　　　　　　　　　（小写）¥30.00

| 事由：出差转递余款 | 现金 √ |
|---|---|
| | 支票第　号 |

| 收款单位 | 财务主管 | 张月荣 | 收款人 | 程小灵 |
|---|---|---|---|---|

第三联 收据

19. 17 日，以现金支付广告费。

## ××增值税专用发票

发票联                                          NO：00987654

2014 年 1 月 16 日

| 购买方 | 名　　　称：江城食品有限公司<br>纳税人识别号：420107757250065<br>地址、电话：江城市扬子江路特 1 号　027-85851234<br>开户行及账号：建行长江支行　200535687 | 密码区 | 略 |
|---|---|---|---|

| 货物或应税劳务、服务名称 | 金额 | 税率 | 税额 |
|---|---|---|---|
| 广告费 | 500.00 | 6% | 30.00 |
| 合 计 | 500.00 | | 30.00 |

| 价税合计（大写） | 伍佰叁拾元整 | （小写）¥530.00 |
|---|---|---|

| 销售方 | 名　　　称：江城日报有限公司<br>纳税人识别号：430202367542266<br>地址、电话：沙口市吉庆路 28 号　0725-4668558<br>开户行及账号：工行吉庆支行　2006366816 |
|---|---|

第三联 发票联 购买方记账凭证

收款人：李利　　　复核：　　　开票人：李伟　　　销售方：（章）

20. 18 日，开出支票支付厂部办公室电话费。

## 中国电信江城分公司客户月费用账单

客户号码：027-85851234　　　　　　　　　　　　　客户姓名：江城食品有限公司
费用周期：2013.12.18－2014.1.17　　　　　　　　　费用总计：1 780.00

| 收费项目 | 金额 | 收费项目 | 金额 |
|---|---|---|---|
| 市话月租 | 35.00 | | |
| 国内长途 | 1 255.00 | | |
| 市话费 | 490.00 | | |
| 合 计 | 1 780.00 | | |

账户信息：

上月余额　　　　　本月总交　　　　　本月余额

积分奖励：

上月总积分　　　　本月积分　　　　　本月已使用积分　　　　本月总积分

143

中国建设银行
转账支票存根
GV00287546

附加信息 _____
_____
_____

出票日期 2014 年 1 月 18 日

| 收款人：中国电信江城分公司 |
| 金　额：1 780.00 元 |
| 用　途：办公室电话费 |

单位主管：张月荣　　会计：王铭

21.18 日，将多余麻袋出售，收到现金，并存入银行。

## ××省增值税普通发票

### 记账联

发票代码：242011071790

发票号码：00985675

购方单位：星星粮食加工厂　　　　　2014 年 1 月 18 日

| 品号及规格 | 货物或劳务名称 | 单位 | 数量 | 单价 | 金额 | | | | | |
|---|---|---|---|---|---|---|---|---|---|---|
| | | | | | 千 | 百 | 十 | 元 | 角 | 分 |
| 麻袋 | | 条 | 40 | 20 | | 8 | 0 | 0 | 0 | 0 |
| | | | | | | | | | | |
| | | | | | ¥ | 8 | 0 | 0 | 0 | 0 |

金额（大写）⊗ 仟 捌佰 零 拾零 元 零 角 零 分　　　　（小写）¥800.00

备注：

开票单位盖章 复核人：　　　　收款人：程小灵　　　开票人：李娟

第三联 开票方记账原始凭证

## 出库单

收货单位：星星粮食加工厂　　　　2014 年 1 月 18 日　　　　金额单位：元

| 货号名称 | 规格 | 单位 | 数量 | 单价 | 金额 | 备注 |
|---|---|---|---|---|---|---|
| 麻袋 | | 条 | 40 | | | |
| | | | | | | |
| | | | | | | |
| | | | | | | |

会计：　　　仓库主管：李月　　　保管：吴慧　　　经手人：张震

第二联 财务

145

# 银行现金缴款单

2014 年 1 月 18 日

| 收款单位 | 全称 | 江城食品有限公司 | | 款项来源 | 其他收入 | |
|---|---|---|---|---|---|---|
| | 账号 | 200535687 | | 缴款部门 | | |

| 人民币：| | | | | 十 | 万 | 千 | 百 | 十 | 元 | 角 | 分 |
|---|---|---|---|---|---|---|---|---|---|---|---|---|
| （大写）捌佰元整 | | | | | | | ¥ | 8 | 0 | 0 | 0 | 0 |

| 票面 | 张数 | 金额 | 票面 | 张数 | 金额 |
|---|---|---|---|---|---|
| 一百元 | 8 | 800 | 二元 | | |
| 五十元 | | | 一元 | | |
| 十元 | | | 角币 | | |
| 五元 | | | 分币 | | |

收款银行（盖章）

中国建设银行长江支行
2014.01.18
现金清讫
（01）

第一联：回单

22. 18 日，购买银行票据，款项以银行存款支付。

# 银行业务收费单

2014 年 1 月 18 日

业务种类： ☑现金支票  ☑转账支票  □电汇  □汇票委托书  □银行承兑商业汇票

☐贷款承诺  ☐查询查复  ☐保函  ☐企业验资  ☐其他

| 业务种类 | 笔数 | 工本费 | 邮电费 | 手续费 | 起止号码 | 金额 | | | | | | | |
|---|---|---|---|---|---|---|---|---|---|---|---|---|---|
| | | | | | | 十 | 万 | 千 | 百 | 十 | 元 | 角 | 分 |
| 现金支票 | 1 | 15.00 | | | | | | | ¥ | 1 | 5 | 0 | 0 |
| 转账支票 | 1 | 15.00 | | | | | | | ¥ | 1 | 5 | 0 | 0 |
| | | | | | | | | | | | | | |
| | | | | | | | | | | | | | |

合计金额（大写）叁拾元整

中国建设银行长江支行
2014.01.18
转账
转讫

| 客户预留印鉴 | 银行业务签章 |
|---|---|
| | 复核员：     记账员：     验印： |

第五联：回单

147

23. 20 日，16 日购入材料已到，验收入库。

# 收料单

供应单位：                    *2014 年 1 月 20 日*                发票号码：00987654

材料类别：                    材料仓库：*1 号库*                金额单位：元

| 编号 | 名称 | 规格 | 单位 | 数量 | | 实际成本 | | | | |
|---|---|---|---|---|---|---|---|---|---|---|
| | | | | 应收 | 实收 | 买价 | | 运杂费 | 其他 | 合计 |
| | | | | | | 单价 | 金额 | | | |
| | *面粉* | | *千克* | *3 000* | *3 000* | *5.00* | *15 000* | *418.5* | | *15 418.5* |
| | *巧克力* | | *千克* | *500* | *500* | *100.00* | *50 000* | *139.5* | | *50 139.5* |
| 合计 | | | | *2 000* | *2 000* | | *65 000* | *558* | | *65 558* |

主管：*张月荣*        采购员：*杜明*        保管员：*吴慧*

24. 25 日，分配本月工资费用。

# 工资费用分配汇总表

*2014 年 1 月 25 日*                                    单位：元

| 车间部门 | | 应分配金额 |
|---|---|---|
| 车间生产人员工资 | 葱油饼干工人 *16* 人 | *30 100* |
| | 巧克力饼干工人 *14* 人 | *28 500* |
| | 生产人员工资小计 | *58 600* |
| 车间管理人员 *4* 人 | | *10 240* |
| 企业管理人员 *6* 人 | | *19 400* |
| 销售机构人员 *8* 人 | | *20 000* |
| 合计 | | *108 240* |

会计主管：*张月荣*                制表：*王铭*

25. 25 日，开出支票发放本月工资。

# 工资汇总表

金额单位：元

| 部门 | 人数 | 应发工资 | | | 缺勤应扣 | | | 应发工资 | 代扣款 | | | | 实发工资 |
|---|---|---|---|---|---|---|---|---|---|---|---|---|---|
| | | 标准工资 | 奖金 | 津贴 | 病假 | 事假 | 小计 | | 五险一金 | 个人所得税 | 水电费 | 小计 | |
| 葱油饼干工人 | 16 | 23 000 | 7 000 | 800 | 400 | 300 | 700 | 30 100 | 4 032 | 30 | 1 465 | 5 527 | 24 573 |
| 巧克力饼干工人 | 14 | 21 600 | 6 600 | 700 | 200 | 200 | 400 | 28 500 | 3 528 | 25 | 1 108 | 4 661 | 23 839 |
| 车间管理人员 | 4 | 8 600 | 1 800 | 240 | 300 | 100 | 400 | 10 240 | 1 008 | 408 | 396 | 1 812 | 8 428 |
| 企业管理人员 | 6 | 16 000 | 3 500 | 700 | 600 | 200 | 800 | 19 400 | 1 512 | 1 050 | 788 | 3 350 | 16 050 |
| 销售人员 | 8 | 15 000 | 4 800 | 800 | 400 | 200 | 600 | 20 000 | 2 016 | 320 | 836 | 3 172 | 16 828 |
| 合计 | 48 | 84 200 | 23 700 | 3 240 | 1 900 | 1 000 | 2 900 | 108 240 | 12 096 | 1 833 | 4 593 | 18 522 | 89 718 |

会计主管：张月荣                    制表：王铭

  注：工资汇总表中应由职工个人承担的"五险一金"合计 12 096 元中，包括养老保险、医疗保险、失业保险、工伤保险、生育保险等五险合计 6 336 元，住房公积金合计 5 760 元。

**中国建设银行**
**转账支票存根**
GV00287547

附加信息
_____
_____

出票日期  *2014 年 1 月 25 日*

收款人： *江城食品有限公司*

金　额： *89 718.00 元*

用　途： *工资*

单位主管： *张月荣*　　会计： *王铭*

26. 25 日，计提本月应由企业承担的"五险一金"。

## 职工"五险一金"费用计算表

*2014 年 1 月 25 日*                                                金额单位：元

| 部门人员 | 缴费基数 | 人数 | 养老保险（20%） | 医疗保险（8%） | 失业保险（2%） | 工伤保险（0.5%） | 生育保险（0.7%） | 住房公积金（10%） | 合计 |
|---|---|---|---|---|---|---|---|---|---|
| 葱油饼干工人 | 1 200 | 16 | 3 840 | 1 536 | 384 | 96 | 134.4 | 1 920 | 7 910.4 |
| 巧克力饼干工人 | 1 200 | 14 | 3 360 | 1 344 | 336 | 84 | 117.6 | 1680 | 6 921.6 |
| 车间管理人员 | 1 200 | 4 | 960 | 384 | 96 | 24 | 33.6 | 480 | 1 977.6 |
| 企业管理人员 | 1 200 | 6 | 1 440 | 576 | 144 | 36 | 50.4 | 720 | 2 966.4 |
| 销售人员 | 1 200 | 8 | 1 920 | 768 | 192 | 48 | 67.2 | 960 | 3 955.2 |
| 合计 | | 48 | 11 520 | 4 608 | 1 152 | 288 | 403.2 | 5 760 | 23 731.2 |
| | | | | | | | | | |
| | | | | | | | | | |

财务主管：张月荣                          制表：王铭

27. 26 日，销售产品，收到支票一张，已办理进账手续。

## ××增值税专用发票

No 07154787

记账联

开票日期：2014 年 1 月 26 日

| 购买方 | 名　　称：江城华联超市有限公司<br>纳税人识别号：420106379762861<br>地址、电话：江城市中华路 10 号　027-86732658<br>开户行及账号：建行中华路分理处　200633546 | 密码区 | 略 |
|---|---|---|---|

| 货物或应税劳务、服务名称 | 规格型号 | 单位 | 数量 | 单价 | 金额 | 税率 | 税额 |
|---|---|---|---|---|---|---|---|
| 葱油饼干 | | 箱 | 2 500 | 40.00 | 100 000.00 | 17% | 17 000.00 |
| 巧克力饼干 | | 箱 | 1 600 | 60.00 | 96 000.00 | 17% | 16 320.00 |
| 合计 | | | | | 196 000.00 | | 33 320.00 |

| 价税合计（大写） | 贰拾贰万玖仟叁佰贰拾元整 | （小写）￥229 320.00 |
|---|---|---|

| 销售方 | 名　　称：江城食品有限公司<br>纳税人识别号：420107757250065<br>地址、电话：江城市扬子江路特 1 号　027-85851234<br>开户行及账号：建行长江支行　200535687 | 备注 | |
|---|---|---|---|

收款人：程小灵　　　复核：　　　开票人：李娟　　　销售方：

第一联：记账联　销售方记账凭证

153

# 出库单

收货单位：江城华联超市有限公司　　　2014 年 1 月 26 日　　　金额单位：元

| 货号名称 | 规格 | 单位 | 数量 | 单价 | 金额 | 备注 |
|---|---|---|---|---|---|---|
| 葱油饼干 | | 箱 | 2 500 | | | |
| 巧克力饼干 | | 箱 | 1 600 | | | |
| | | | | | | |
| | | | | | | |

会计：　　　　仓库主管：李月　　　保管：吴慧　　　经手人：李雷

# 中国建设银行进账单（收账通知）

2014 年 1 月 26 日

| 出票人 | 全　称 | 江城华联超市有限公司 | | | | | | | | | | |
|---|---|---|---|---|---|---|---|---|---|---|---|---|
| | 账　号 | 200678654 | | | | | | | | | | |
| | 开户银行 | 工行长江支行 | | | | | | | | | | |
| 金额 | 人民币（小写） | | 亿 | 千 | 百 | 十 | 万 | 千 | 百 | 十 | 元 | 角 | 分 |
| | | | | | | ¥ | 2 | 2 | 9 | 3 | 2 | 0 | 0 | 0 |
| 收款人 | 全　称 | 江城食品有限公司 | | | | | | | | | | |
| | 账　号 | 200535687 | | | | | | | | | | |
| | 开户银行 | 建行长江支行 | | | | | | | | | | |
| 票据种类 | 转支 | | 票据张数 | 壹 | | | | | | | | |
| 票据号码 | 4 8 2 3 5 7 0 0 | | | | | | | | | | | |

中国建设银行长江支行
2014.01.21
转账
转讫

收款人开户银行签章

复核　　　　　　　记账

28. 26 日，开出支票支付本月电费。

155

## ××增值税专用发票

No 06728765

发票联

开票日期：2014 年 1 月 26 日

| 购买方 | 名　　　称：江城食品有限公司<br>纳税人识别号：420107757250065<br>地址 、电话：江城市扬子江路特 1 号　027-85851234<br>开户行及账号：建行长江支行　200535687 | 密码区 | 略 |
|---|---|---|---|

| 货物或应税劳务、服务名称 | 规格型号 | 单位度 | 数量 | 单价 | 金额 | 税率 | 税额 |
|---|---|---|---|---|---|---|---|
| 电费 | | | 28 900 | 0.90 | 26 010.00 | 17% | 4 421.70 |
| 合计 | | | | | 26 010.00 | | 4 421.70 |

| 价税合计（大写） | 叁万零肆佰叁拾壹元柒角整 | （小写）￥30 431.70 |
|---|---|---|

| 销售方 | 名　　　称：江城市供电局<br>纳税人识别号：420106698493626<br>地址 、电话：江城市紫阳路 15 号　027-86865447<br>开户行及账号：农行紫阳分理处　199820658 | 备注 | |
|---|---|---|---|

收款人：夏海霞　　　复核：　　　开票人：李松　　　销售方：

第三联：发票联　购买方记账凭证

---

## ××增值税专用发票

No 06728765

抵扣联

开票日期：2014 年 1 月 26 日

| 购买方 | 名　　　称：江城食品有限公司<br>纳税人识别号：420107757250065<br>地址 、电话：江城市扬子江路特 1 号　027-85851234<br>开户行及账号：建行长江支行　200535687 | 密码区 | 略 |
|---|---|---|---|

| 货物或应税劳务、服务名称 | 规格型号 | 单位度 | 数量 | 单价 | 金额 | 税率 | 税额 |
|---|---|---|---|---|---|---|---|
| 电费 | | | 28 900 | 0.90 | 26 010.00 | 17% | 4 421.70 |
| 合计 | | | | | 26 010.00 | | 4 421.70 |

| 价税合计（大写） | 叁万零肆佰叁拾壹元柒角整 | （小写）￥30 431.70 |
|---|---|---|

| 销售方 | 名　　　称：江城市供电局<br>纳税人识别号：420106698493626<br>地址 、电话：江城市紫阳路 15 号　027-86865447<br>开户行及账号：农行紫阳分理处　199820658 | 备注 | |
|---|---|---|---|

收款人：夏海霞　　　复核：　　　开票人：李松　　　销售方：

第二联：抵扣联　购买方扣税凭证

中国建设银行
转账支票存根
GV00287548

附加信息 _____

_____

出票日期 **2014 年 1 月 26 日**

| | |
|---|---|
| 收款人：*江城市供电局* | |
| 金　额：*30 431.70 元* | |
| 用　途：*电费* | |

单位主管：*张月荣*　　会计：*王铭*

# 外购电费分配表

**2014 年 1 月 26 日**

| 使用部门 | 用电量（度） | 单价（元/度） | 金额（元） |
|---|---|---|---|
| 车间 | 25 280 | 0.90 | 22 752 |
| 管理部门 | 2 640 | 0.90 | 2 376 |
| 销售部门 | 980 | 0.90 | 882 |
| | | | |
| 合计 | 28 900 | | 26 010 |

财务主管：*张月荣*　　　　制表：*王铭*

29. 28 日，购入包装纸箱，款未付。

## ××增值税专用发票

发票联

No 00435623

开票日期：2014 年 1 月 28 日

| 购买方 | 名　　　称：江城食品有限公司<br>纳税人识别号：420107757250065<br>地址、电话：江城市扬子江路特 1 号　027-85851234<br>开户行及账号：建行长江支行　200535687 | 密码区 | 略 |
|---|---|---|---|

| 货物或应税劳务、服务名称 | 规格型号 | 单位 | 数量 | 单价 | 金额 | 税率 | 税额 |
|---|---|---|---|---|---|---|---|
| 纸箱 | | 个 | 4 000 | 2.90 | 11 600.00 | 17% | 1 972.00 |
| 合计 | | | | | 11 600.00 | | 1 972.00 |

| 价税合计（大写） | 壹万叁仟伍佰柒拾贰元整 | （小写）￥13 572.00 |
|---|---|---|

| 销售方 | 名　　　称：江城市纸箱厂<br>纳税人识别号：423095685995401<br>地址、电话：江城市沿江大道 15 号　027-85653326<br>开户行及账号：农业银行江汉分理处　200656323 | 备注 |
|---|---|---|

收款人：夏荷　　复核：　　开票人：吴珍　　销售方：

第三联：发票联　购买方记账凭证

---

## ××增值税专用发票

抵扣联

No 00435623

开票日期：2014 年 1 月 28 日

| 购买方 | 名　　　称：江城食品有限公司<br>纳税人识别号：420107757250065<br>地址、电话：江城市扬子江路特 1 号　027-85851234<br>开户行及账号：建行长江支行　200535687 | 密码区 | 略 |
|---|---|---|---|

| 货物或应税劳务、服务名称 | 规格型号 | 单位 | 数量 | 单价 | 金额 | 税率 | 税额 |
|---|---|---|---|---|---|---|---|
| 纸箱 | | 个 | 4 000 | 2.90 | 11 600.00 | 17% | 1 972.00 |
| 合计 | | | | | 11 600.00 | | 1 972.00 |

| 价税合计（大写） | 壹万叁仟伍佰柒拾贰元整 | （小写）￥13 572.00 |
|---|---|---|

| 销售方 | 名　　　称：江城市纸箱厂<br>纳税人识别号：423095685995401<br>地址、电话：江城市沿江大道 15 号　027-85653326<br>开户行及账号：农业银行江汉分理处　200656323 | 备注 |
|---|---|---|

收款人：夏荷　　复核：　　开票人：吴珍　　销售方：

第二联：抵扣联　购买方扣税凭证

# 收料单

供应单位：江城市纸箱厂　　　　　　2014 年 1 月 28 日　　　　　　发票号码：00435623

材料类别：周转材料　　　　　　　　材料仓库：1 号库　　　　　　　金额单位：元

| 编号 | 名称 | 规格 | 单位 | 数量 | | 实际成本 | | | | |
| | | | | 应收 | 实收 | 买价 | | 运杂费 | 其他 | 合计 |
| | | | | | | 单价 | 金额 | | | |
| | 包装纸箱 | | 个 | 4 000 | 4 000 | 2.90 | 11 600 | | | 11 600 |
| | | | | | | | | | | |
| 合计 | | | | | | | | | | 11 600 |

主管：李佳　　　　　采购员：章明　　　　　保管员：吴慧

30. 31 日，根据领料单编制发料凭证汇总表，结转本月发出材料成本（发出材料采用先进先出法，在实训一有交代，下同）。

# 领料单

领用单位：食堂　　　　　　　　　　2014 年 1 月 5 日

用途：职工改善伙食　　　　　　　　发料仓库：1 号库

| 种类 | 名称 | 规格 | 编号 | 计量单位 | 数量 | | 金额（元） | 用途 | |
| | | | | | 请领 | 实领 | | | |
| | 面粉 | | | 千克 | 350 | 350 | | | 第二联 记账联 |
| | 食糖 | | | 千克 | 30 | 30 | | | |
| | 巧克力 | | | 千克 | 5 | 5 | | | |
| | | | | | | | | | |

领料负责人：章苗　　　　领料：吴明　　　　供应负责人：周洁明　　　　保管员：吴慧

# 领料单

领用单位：生产车间　　　　　　　　2014 年 1 月 10 日

用途：葱油饼干　　　　　　　　　　发料仓库：1 号库

| 种类 | 名称 | 规格 | 编号 | 计量单位 | 数量 | | 金额（元） | 用途 | |
| | | | | | 请领 | 实领 | | | |
| | 面粉 | | | 千克 | 2 000 | 2 000 | | | 第二联 记账联 |
| | 食糖 | | | 千克 | 300 | 300 | | | |
| | | | | | | | | | |
| | | | | | | | | | |

领料负责人：李月　　　　领料：吴明　　　　供应负责人：周洁明　　　　保管员：吴慧

# 领料单

领用单位：生产车间　　　　　　　　2014 年 1 月 12 日
用途：巧克力饼干　　　　　　　　　发料仓库：1 号库

| 种类 | 名称 | 规格 | 编号 | 计量单位 | 数量 | | 金额（元） | 用途 |
|---|---|---|---|---|---|---|---|---|
| | | | | | 请领 | 实领 | | |
| | 面粉 | | | 千克 | 2 500 | 2 500 | | |
| | 食糖 | | | 千克 | 150 | 150 | | |
| | 巧克力 | | | 千克 | 25 | 25 | | |
| | | | | | | | | |

领料负责人：李月　　　　领料：吴明　　　　供应负责人：周洁明　　　　保管员：吴慧

# 领料单

领用单位：生产车间　　　　　　　　2014 年 1 月 21 日
用途：葱油饼干　　　　　　　　　　发料仓库：1 号库

| 种类 | 名称 | 规格 | 编号 | 计量单位 | 数量 | | 金额（元） | 用途 |
|---|---|---|---|---|---|---|---|---|
| | | | | | 请领 | 实领 | | |
| | 面粉 | | | 千克 | 1 450 | 1 450 | | |
| | 食糖 | | | 千克 | 50 | 50 | | |
| | | | | | | | | |
| | | | | | | | | |

领料负责人：李月　　　　领料：吴明　　　　供应负责人：周洁明　　　　保管员：吴慧

# 领料单

领用单位：食堂　　　　　　　　　　2014 年 1 月 25 日
用途：日常包装　　　　　　　　　　发料仓库：1 号库

| 种类 | 名称 | 规格 | 编号 | 计量单位 | 数量 | | 金额（元） | 用途 |
|---|---|---|---|---|---|---|---|---|
| | | | | | 请领 | 实领 | | |
| 周转材料 | 纸箱 | | | 个 | 25 | 25 | | |
| | | | | | | | | |
| | | | | | | | | |
| | | | | | | | | |

领料负责人：章苗　　　　领料：吴明　　　　供应负责人：周洁明　　　　保管员：吴慧

# 领料单

领用单位：生产车间     *2014 年 1 月 27 日*

用途：产品包装     发料仓库：1 号库

| 种类 | 名称 | 规格 | 编号 | 计量单位 | 数量 请领 | 数量 实领 | 金额（元） | 用途 |
|------|------|------|------|----------|------|------|----------|------|
| 周转材料 | 纸箱 | | | 个 | 4 200 | 4 200 | | 纸箱 2 700 个用于葱油饼干，1 500 个用于巧克力饼干 |
| | | | | | | | | |
| | | | | | | | | |
| | | | | | | | | |

*第二联　记账联*

领料负责人：李月    领料：吴明    供应负责人：周洁明    保管员：吴慧

# 发料凭证汇总表

*2014 年 1 月 31 日*     单位：元

| 领用 | | 面粉 | 食糖 | 巧克力 | 周转材料 | 合计 |
|------|------|------|------|--------|----------|------|
| 生产成本 | 葱油饼干 | 17 492 | 4 375 | | 8 100 | 29 967 |
| | 巧克力饼干 | 12 500 | 1 875 | 2 500 | 4 500 | 21 375 |
| 食堂 | | 1 750 | 375 | 500 | 75 | 2 700 |
| | | | | | | |
| 合计 | | 31 742 | 6 625 | 3 000 | 12 675 | 54 042 |

复核：吴慧     制表：王铭

31.31 日，计提本月固定资产折旧。

# 固定资产折旧计算表

*2014 年 1 月 31 日*     单位：元

| 科目 | 项目 | 月初应计提折旧的固定资产原值 | 月折旧费 月折旧率（%） | 月折旧费 折旧金额 |
|------|------|------------------------------|--------------------------|-------------------|
| 制造费用 | 房屋及建筑物 | 224 000 | 0.4 | 896 |
| | 机器设备 | 82 600 | 0.8 | 660.8 |
| | 小计 | 306 600 | | 1 556.8 |
| 管理费用 | 房屋及建筑物 | 285 000 | 0.4 | 1 140 |
| | 运输工具 | 100 000 | 0.9 | 900 |
| | 电子设备 | 17 400 | 0.9 | 156.6 |
| | 小计 | 402 400 | | 2 196.6 |
| 销售费用 | 运输工具 | 83 034 | 0.9 | 747.31 |
| 合计 | | 792 034 | | 4 500.71 |

部门主管：李莉     复核：     制表：王铭

32. 31 日，结转本月制造费用。

## 制造费用分配表

*2014 年 1 月 31 日*

车间：　　　　　　　　　　　　　　　　　　　　　　　　　　　　　　　　　　　单位：元

| 分配对象 | 分配标准（按产品件数） | 分配率 | 分配金额 |
|---|---|---|---|
| 葱油饼干 | 2 700 | 8. 72295 | 23 551. 97 |
| 巧克力饼干 | 1 500 | 8. 72295 | 13 084. 43 |
| | | | |
| 合计 | | | 36 636. 40 |

财务主管：张月荣　　　　　　　　　　　　制表：王铭

33. 31 日，本月完工产品入库。

## 产品成本计算单

*2014 年 1 月 31 日*

生产品种：葱油饼干　　　　　　　　生产数量：2 700 箱　　　　　　　单位：元

| 项目 | 直接材料 | 直接人工 | 制造费用 | 合计 |
|---|---|---|---|---|
| 期初在产品 | | | | |
| 本月发生额 | 29 967 | 38 010. 4 | 23 551. 97 | 91 529. 37 |
| 合计 | 29 967 | 38 010. 4 | 23 551. 97 | 91 529. 37 |
| 完工产品成本 | 29 967 | 38 010. 4 | 23 551. 97 | 91 529. 37 |
| 期末在产品成本 | | | | |
| 单位成本 | 11. 10 | 14. 08 | 8. 72 | 33. 90 |

财务主管：张月荣　　　　　　　　　　　　制表：王铭

## 产品成本计算单

*2014 年 1 月 31 日*

生产品种：巧克力饼干　　　　　　　生产数量：1 500 箱　　　　　　　单位：元

| 项目 | 直接材料 | 直接人工 | 制造费用 | 合计 |
|---|---|---|---|---|
| 期初在产品 | | | | |
| 本月发生额 | 21 375 | 35 421. 6 | 13 084. 43 | 69 881. 03 |
| 合计 | 21 375 | 35 421. 6 | 13 084. 43 | 69 881. 03 |
| 完工产品成本 | 21 375 | 35 421. 6 | 13 084. 43 | 69 881. 03 |
| 期末在产品成本 | | | | |
| 单位成本 | 14. 25 | 23. 61 | 8. 72 | 46. 58 |

财务主管：张月荣　　　　　　　　　　　　制表：王铭

# 产品入库单

*2014 年 1 月 31 日*　　　　　　　　　　　　　　　　　　　第　　号

| 名称 | 单位 | 数量 | 单价 | 金额 | | | | | | | | | 备注 |
|------|------|------|------|---|---|---|---|---|---|---|---|---|------|
| | | | | 百 | 十 | 万 | 千 | 百 | 十 | 元 | 角 | 分 | |
| 葱油饼干 | 箱 | 2 700 | 33.90 | | | 9 | 1 | 5 | 2 | 9 | 3 | 7 | |
| 巧克力饼干 | 箱 | 1 500 | 46.58 | | | 6 | 9 | 8 | 8 | 1 | 0 | 3 | |
| | | | | | | | | | | | | | |
| 合计 | | | | ¥ | 1 | 6 | 1 | 4 | 1 | 0 | 4 | 0 | |

仓库主管：李月　　　　　会计：　　　　　质检员：夏希　　　　　保管员：吴慧

34. 31 日，结转本月销售产品成本（发出库存商品成本按加权平均单价计算）。

# 产品销售成本计算表

*2014 年 1 月 31 日*　　　　　　　　　　　　　　　　　　金额单位：元

| 产品名称 | 销售数量（箱） | 单位成本 | 总成本 |
|----------|----------------|----------|--------|
| 葱油饼干 | 4 500 | 30.48 | 137 160 |
| 巧克力饼干 | 4 200 | 42.84 | 179 928 |
| | | | |
| 合计 | | | 317 088 |

财务主管：张月荣　　　　　　　　制表：王铭

35. 31 日，计算本月应交的增值税、城建税和教育费附加，将本月应交未交增值税转入"应交税费——未交增值税"明细账，计提本月应交的城建税和教育费附加。

# 应交增值税计算表

*2014 年 1 月 31 日*　　　　　　　　　　　　　　　　　　单位：元

| | 增值税 | |
|------|------|------|
| | | 合计 |
| 销项税额 | | 73 556.24 |
| 进项税额 | | 43 661.7 |
| 应交税额 | | 29 894.54 |

主管会计：张月荣　　　　　　　　制表：王铭

## 城建税及教育费附加计算表

**2014 年 1 月 31 日**                                                   单位：元

| 计税依据 | 计税金额 | 城市维护建设税 | | 教育费附加 | |
|---|---|---|---|---|---|
| | | 税率 | 税额 | 征收率 | 税额 |
| 增值税 | 29 894.54 | 7% | 2 092.62 | 3% | 896.84 |
| | | | | | |
| | | | | | |
| 合计 | | | 2 092.62 | 896.84 | |

主管会计：张月荣                     制表：王铭

36. 31 日，结转本月损益类账户。

## 损益类账户发生额

**2014 年 1 月 31 日**                                                   单位：元

| 账户 | 发生额 | |
|---|---|---|
| | 借方 | 贷方 |
| 主营业务成本 | 317 088 | |
| 管理费用 | 33 639 | |
| 销售费用 | 26 084.51 | |
| 财务费用 | 45.5 | |
| 营业税金及附加 | 2 989.46 | |
| 营业外支出 | 50 000 | |
| 主营业务收入 | | 432 000 |
| 其他业务收入 | | 683.76 |
| | | |
| 合计 | 429 846.46 | 432 683.76 |

## 四、实训要求

（1）根据所给的经济业务按要求编制收款凭证、付款凭证、转账凭证。

（2）记账凭证的编号采用双重编号法（以便于后面练习记账凭证的装订）。

（3）将原始凭证分别附在所编制的记账凭证后面。

（4）依据记账凭证审核的要求和内容，分组相互审核所填制的记账凭证，并提出改进意见。

## 五、实训用具

收款凭证、付款凭证、转账凭证若干张。

铁夹三个、大头针若干、胶水等。

# 收　款　凭　证

借方科目：　　　　　　　　　　　　年　月　日　　　　　　　　　　字第 1 号

| 摘　要 | 科目编码 | 贷方总账科目 | 明细科目 | √ | 金　额 | | | | | | | | | |
|---|---|---|---|---|---|---|---|---|---|---|---|---|---|---|
| | | | | | 千 | 百 | 十 | 万 | 千 | 百 | 十 | 元 | 角 | 分 |
| | | | | | | | | | | | | | | |
| | | | | | | | | | | | | | | |
| | | | | | | | | | | | | | | |
| | | | | | | | | | | | | | | |
| | | | | | | | | | | | | | | |
| 合计 | | | | | | | | | | | | | | |

附单据

张

财务主管：　　　　　出纳：　　　　　记账：　　　　　审核：　　　　　制单：

# 付　款　凭　证

贷方科目：　　　　　　　　　　　　年　月　日　　　　　　　　　　字第　号

| 摘　要 | 科目编码 | 贷方总账科目 | 明细科目 | √ | 金　额 | | | | | | | | | |
|---|---|---|---|---|---|---|---|---|---|---|---|---|---|---|
| | | | | | 千 | 百 | 十 | 万 | 千 | 百 | 十 | 元 | 角 | 分 |
| | | | | | | | | | | | | | | |
| | | | | | | | | | | | | | | |
| | | | | | | | | | | | | | | |
| | | | | | | | | | | | | | | |
| | | | | | | | | | | | | | | |
| 合计 | | | | | | | | | | | | | | |

附单据

张

财务主管：　　　　　出纳：　　　　　记账：　　　　　审核：　　　　　制单：

# 转　账　凭　证

年　月　日　　　　　　　　　　转字第　号

| 摘　要 | 科目编码 | 总账科目 | 明细科目 | √ | 借方金额 | | | | | | | | | | √ | 贷方金额 | | | | | | | | | |
|---|---|---|---|---|---|---|---|---|---|---|---|---|---|---|---|---|---|---|---|---|---|---|---|---|---|
| | | | | | 千 | 百 | 十 | 万 | 千 | 百 | 十 | 元 | 角 | 分 | | 千 | 百 | 十 | 万 | 千 | 百 | 十 | 元 | 角 | 分 |
| | | | | | | | | | | | | | | | | | | | | | | | | | |
| | | | | | | | | | | | | | | | | | | | | | | | | | |
| | | | | | | | | | | | | | | | | | | | | | | | | | |
| | | | | | | | | | | | | | | | | | | | | | | | | | |
| | | | | | | | | | | | | | | | | | | | | | | | | | |
| 合计 | | | | | | | | | | | | | | | | | | | | | | | | | |

附单据

张

财务主管：　　　　　记账：　　　　　出纳：　　　　　审核：　　　　　制单：

175

# 模块四　　　　　账　簿

## 实训五　日记账的登记

### 一、实训目的

通过本实训，使学生了解账簿登记的基本要求，掌握库存现金日记账和银行存款日记账的登记方法。

### 二、实训指导

（一）登记账簿的基本要求

为了保证账簿记录的正确性，必须根据审核无误的会计凭证登记账簿，并符合下列要求：

1. 内容准确完整

登记账簿时应当将会计凭证的日期、凭证号数，经济业务内容摘要、金额及其他资料逐项记入账内，做到数字准确、摘要清楚、登记及时、字迹工整。对于每一项经济业务，要登记总账，同时要登记该总账所属的明细账。

2. 必须使用规定的财务用笔书写

为了保持账簿记录的清晰、耐久，防止涂改，登记账簿必须使用蓝黑墨水、碳素墨水或专用财务用笔书写，不得使用圆珠笔或铅笔书写，红色墨水通常只能在更正错账、冲账、结账以及用于不同时设借贷等栏的多栏式账页中登记减少数，或在账簿中没有印有余额方向出现负数时使用（如现金日记账中余额出现负数）。

3. 文字和数字的书写必须工整、规范

记账文字和数字要端正、清楚、不得潦草。登账中出现错误的应按规定的方法进行更正，严禁刮擦、挖补、涂改和用药水消除字迹。账簿中书写的文字和数字上面要留有适当的空格，不要写满格，一般应占格距的二分之一，这样，一旦发生错误时，便于更正时书写正确的文字和数字，也便于查阅。

4. 注明记账符号

账簿登记完毕后，应在记账凭证"记账"栏做出"√"（或标明记账页码），表示已记账，以免重记、漏记，以便于查阅、核对，并在记账凭证中"记账"处签名盖章，以明确经济责任。

5. 按规定结出余额

登记账簿时，对需要结出余额的账户，应在"借或贷"栏内注明余额的借贷方向，并结出余额，若余额为零，则应在"借或贷"栏内注明"平"，并在余额栏用"０"表示。库存现金日记账和银行存款日记账必须逐日结出余额。

（二）日记账的登记方法

1. 库存现金日记账的登记方法

库存现金日记账是按现金经济业务发生时间的先后顺序，逐日逐笔连续登记的账簿。

库存现金日记账的格式一般为订本三栏式账页，也可采用多栏式，一般由企业的出纳人员根据审核无误的现金收款凭证和付款凭证及银行有关付款凭证，逐日逐笔、序时登记，并随时结出余额。登记库存现金日记账的基本方法如下：

（1）必须根据审核无误的现金收、付款凭证进行登记，对于从银行提取现金的业务，根据银行付款凭证进行登记。

（2）所记载的内容，如日期、编号、摘要、金额等，必须与会计凭证一致。

在登记日记账时，在每页的第一行"月份"栏要填写当前月份，以后本页再登记时，只要不跨月度，日期栏只需填入具体日期，月份可以不填，当跨月度时，在新月度的起始行"日期"栏中填入新月份。账簿中记录的日期，应该填写记账凭证上的日期。

"凭证号数"栏应填入根据经济业务编制的记账凭证的类型和编号，如"收字×号"，"摘要"、"金额"及其他资料在登账时，必须与所编制会计凭证的内容一致。

"对应科目"可只填写"库存现金"科目的总账对应科目，不用填明细科目，如果对应科目过多，可只填写主对应科目或金额较大的对应科目。

（3）日记账要做到日清月结，每天结出当日收入和付出金额合计（当日只有一笔业务的可以不结），结出余额，并且与库存现金实际数核对相符。

在正常情况下，库存现金日记账不允许出现贷方余额，因此，库存现金日记账"余额"栏前未印有借贷方向，其余额方向默认为借方，若在登记库存现金日记账过程中，由于登账顺序等特殊原因出现贷方余额，则在余额栏用红字登记，以表示贷方余额。

## 库存现金日记账　　1

| 2014年 月 | 日 | 凭证编号 | 摘　要 | 对方科目 | 借　方 | √ | 贷　方 | √ | 余　额 |
|---|---|---|---|---|---|---|---|---|---|
| 4 | 1 | | 期初余额 | | | | | | 3520 00 |
| | 3 | 付2 | 提现 | 略 | 5000 00 | | | | 8520 00 |
| | 3 | 收3 | 收销货款 | | 585 00 | | | | 9105 00 |
| | 3 | 付5 | 付办公费 | | | | 300 00 | | 8805 00 |
| | 3 | 付6 | 张文借差旅费 | | | | 1000 00 | | 7805 00 |
| | 3 | | 本日合计 | | 5585 00 | | 1300 00 | | |
| | 5 | 付8 | 付电话费 | | | | 1852 50 | | 5952 50 |
| | 5 | 付9 | 报销交通费 | | | | 3265 00 | | 2687 50 |
| | 5 | | 本日合计 | | | | 5117 50 | | |
| | 7 | 收8 | 提现 | | 5000 00 | | | | 7687 50 |
| | 10 | 收10 | 张文报销差旅费 | | 80 00 | | | | 7767 50 |
| | | | … | | | | | | |
| | 30 | | 本月合计 | | 88563 00 | | 86685 00 | | 5398 00 |

178

2. 银行存款日记账的登记方法

银行存款日记账是按银行存款经济业务发生时间的先后顺序，逐日逐笔连续登记的账簿。

银行存款日记账一般为订本三栏式账页，也可采用多栏式，是由出纳人员根据审核无误的银行存款收、付款凭证和现金有关付款凭证，逐日逐笔、序时登记，并随时结出余额。

银行存款日记账与库存现金日记账的登记方法基本相同，其账页中除设有与库存现金日记账相同栏目外，还设有"银行凭证"栏，在登记银行存款日记账时，必须根据所发生的经济业务的银行结算凭证的种类和编号填写，以便于与银行对账，银行存款日记账每月应结出存款余额，定期与银行对账单进行核对。

### 银行存款日记账

| 2014年 月 日 | 凭证号数 | 结算凭证 | 摘要 | 对方科目 | 借方(千百十万千百十元角分) | √ | 贷方(千百十万千百十元角分) | √ | 余额(千百十万千百十元角分) |
|---|---|---|---|---|---|---|---|---|---|
| 4 1 | | | 期初余额 | | | | | | 240000000 |
| 3 | 付3 | 转支123 | 还欠款 | | | | 14000000 | | 100000000 |
| 3 | 收6 | 缴款单 | 现金存入 | | 80000 | | | | 100800000 |
| 3 | 付10 | 银汇708 | 付材料款 | | | | 300000 | | 7008000 |
| | | | 本日合计 | | 80000 | | 17000000 | | |
| 5 | 付11 | 现支236 | 提现 | | | | 500000 | | 7030000 |
| 5 | 收8 | 托收566 | 销产品 | | 3510000 | | | | |
| | | | 本日合计 | | 3510000 | | 500000 | | 7030000 |
| 8 | 付13 | 现支237 | 提备用金 | | | | | | |
| | | | … | | | | | | |
| | | | | | | | | | |
| 30 | | | 本月合计 | | 235685200 | | 212356600 | | 47328600 |

**三、实训资料**

实训一、实训四的实训资料。

**四、实训要求**

（1）审核根据实训四资料编制的收款凭证、付款凭证。

（2）根据实训一、实训四所给资料和实训四编制的收款凭证、付款凭证逐日逐笔登记库存现金日记账和银行存款日记账，并按照规定结出余额。

**五、实训用具**

库存现金日记账和银行存款日记账。

# 实训六　银行存款对账业务

## 一、实训目的

通过本实训，使学生了解未达账项的内容，学会银行对账的方法，并编制银行存款余额调节表。

## 二、实训指导

### （一）银行存款对账的方法

银行存款对账一般在月末进行，采用企业银行存款日记账与开户银行对账单核对的方法。凡开设有存款户头的单位，应分别按各户头的"银行存款日记账"与各户头的"银行对账单"进行核对。

在同银行核对账目之前，应由企业出纳人员将企业的银行存款业务全部登入银行存款日记账，并结出余额。然后，将本单位银行存款日记账与从开户银行转来的对账单，以结算凭证的种类、号码和金额为依据，逐日逐笔进行核对，对于银行存款日记账和对账单中都有记录的事项，用铅笔在金额旁打上"√"。对于日记账和对账单中只有一方有记录的事项，应进一步查明原因。

对账时，应注意由于银行与企业所处的角度不同，它们各自的记账方向不同，对账时应将企业日记账的借方与银行对账单的贷方勾对，企业日记账的贷方与银行对账单的借方勾对。同时，对每一笔经济业务，特别是对金额相同的经济业务，在进行勾对时要核对票据号。

### （二）查找未达账项

将企业存款日记账与银行对账单进行逐笔核对后，如果双方的发生额和余额的记录一致，一般说明记账正确。如果不一致，则原因主要有两种：一是本单位或者银行在登记账簿时出现了错记或漏记，应及时查清更正。二是本单位或者银行存在着"未达账项"。

未达账项是指单位与银行双方之间由于结算凭证传递的时间不同，而造成一方已收到有关结算凭证并已经登记入账，而另一方由于尚未收到有关结算凭证从而尚未入账的款项。具体来讲有以下四种情况：

（1）企业已收款入账，而银行尚未收款入账。如企业已将销售产品收到的支票送存银行并已入账，但银行因尚未办妥转账收款手续而没有入账。

（2）企业已付款入账，而银行尚未付款入账。如企业开出一张转账支票购买办公用品，企业已经登记入账，但由于持票人此时尚未到银行办理转账手续或银行因未办妥转账手续而未入账。

（3）银行已收款入账，企业尚未收款入账。如银行收到其他单位采用托收承付方式购货所付给企业的款项，并已登记入账，但企业由于未收到银行收款通知单而未入账的款项。

（4）银行已付款入账，企业尚未付款入账。如银行在季末已将短期借款利息划出，并已付款入账，但企业由于尚未收到付款通知，而未入账。

为了减少未达账项，月底应从开户银行将本单位的各种银行结算凭证及时取回，并及时入账。

### （三）编制银行存款余额调节表

企业与银行之间如果存在着"未达账项"，企业可编制银行存款余额调节表对有关的账项进行调整。其调节公式为：

$$\begin{matrix} \text{企业银行存款} \\ \text{日记账余额} \end{matrix} + \begin{matrix} \text{银行已收而} \\ \text{企业未收款项} \end{matrix} - \begin{matrix} \text{银行已付而} \\ \text{企业未付款项} \end{matrix} = \begin{matrix} \text{银行对账} \\ \text{单余额} \end{matrix} + \begin{matrix} \text{企业已收而} \\ \text{银行未收款项} \end{matrix} - \begin{matrix} \text{企业已付而} \\ \text{银行未付款项} \end{matrix}$$

　　如果调节后双方余额相符，则说明企业和银行双方记账过程基本正确。将调整后平衡的"银行存款余额调节表"，经主管会计签章后，呈报开户银行。调整后的余额是企业当时实际可以动用的存款数额。

　　如果调节后余额不符，则说明企业或银行的记账过程存在错误，应查找原因，分别采用不同的方法进行更正。

三、实训资料

银行对账单和银行存款日记账资料。

# 银行存款日记账　　1

| 2014年 月 | 日 | 凭证编号 | 结算方式 种类 | 号码 | 摘要 | 对方科目 | 借方 | √ | 贷方 | √ | 余额 |
|---|---|---|---|---|---|---|---|---|---|---|---|
| | | | | | 期初余额 | | | | | | 302 525 00 |
| 4 | 1 | 1 | 电汇单 | 416 | 收到前欠货款 | | 50 000 00 | | | | 352 525 00 |
| 4 | 2 | 3 | 现支 | 121 | 提取备用金 | | | | 8 000 00 | | 344 525 00 |
| 4 | 6 | 6 | 转支 | 232 | 银行代发工资 | | | | 95 000 00 | | 249 525 00 |
| 4 | 9 | 11 | 转支 | 233 | 购办公家具 | | | | 20 000 00 | | 229 525 00 |
| 4 | 14 | 17 | 电汇单 | 564 | 购买商品 | | | | 215 631 00 | | 13 894 00 |
| 4 | 15 | 18 | 进账单 | 527 | 销售商品 | | 1 031 589 00 | | | | 1 045 483 00 |
| 4 | 19 | 19 | 托收单 | 796 | 支付水电费 | | | | 1 200 00 | | 1 044 283 00 |
| 4 | 19 | 20 | 转支 | 234 | 支付修理费 | | | | 1 600 00 | | 1 042 683 00 |
| 4 | 20 | 21 | 转支 | 322 | 提供劳务收入 | | 100 000 00 | | | | 1 142 683 00 |
| 4 | 21 | 23 | 转支 | 333 | 偿还欠款 | | | | 80 000 00 | | 1 062 683 00 |
| 4 | 22 | 25 | 缴款单 | 428 | 送存现金 | | 2 000 00 | | | | 1 064 683 00 |
| 4 | 23 | 27 | 转支 | 561 | 支付运费 | | | | 3 000 00 | | 1 061 683 00 |
| 4 | 26 | 30 | 转支 | 571 | 支付广告费 | | | | 1 000 00 | | 1 060 683 00 |
| 4 | 30 | 32 | 利息 | 181 | 银行利息收入 | | 265 00 | | | | 1 060 948 00 |
| | | | | | 本月合计 | | 1 183 854 00 | | 425 431 00 | | 1 060 948 00 |

# 客户存款对账单

账号：200535687　　　　户名：建行长江支行　　　　上期余额：302 525 元

年份：2014　　　　　　　　　　　　　　　　　　　单位：元

| 月 | 日 | 单据号 | 摘要 | 借方发生额 | 贷方发生额 | 余额 |
|---|---|---|---|---|---|---|
| 4 | 1 | 电汇单416 | 收到前欠货款 | | 50 000.00 | 352 525.00 |
| 4 | 2 | 现支121 | 提现 | 8 000.00 | | 344 525.00 |
| 4 | 6 | 转支232 | 银行代发工资 | 95 000.00 | | 249 525.00 |
| 4 | 9 | 转支233 | 购办公家具 | 20 000.00 | | 229 525.00 |
| 4 | 14 | 电汇单564 | 购买商品 | 215 631.00 | | 13 894.00 |
| 4 | 15 | 转支527 | 销售商品 | | 1 031 589.00 | 1 045 483.00 |
| 4 | 19 | 委托收款796 | 支付水电费 | 1 200.00 | | 1 044 283.00 |
| 4 | 19 | 转支234 | 支付修理费 | 1 600.00 | | 1 042 683.00 |
| 4 | 21 | 缴款单428 | 送存现金 | | 2 000.00 | 1 044 683.00 |
| 4 | 22 | 利息单181 | 银行利息收入 | | 265.00 | 1 044 948.00 |
| 4 | 23 | 委托收款547 | 收到罚款 | | 2 000.00 | 1 046 948.00 |
| 4 | 26 | 电汇单351 | 销售产品 | | 31 000.00 | 1 077 948.00 |
| 4 | 30 | 托收承付351 | 承付货款 | 50 000.00 | | 1 027 948.00 |
| 4 | 30 | 委托收款622 | 付电费 | 210.00 | | 1 027 738.00 |

183

（1）将银行提供的对账单与单位的日记账逐笔核对。
（2）找出未达账项。
（3）编制银行存款余额调节表。

**五、实训用具**

# 银行存款余额调节表

年　月　日                                                            单位：元

| 项目 | 金额 | 项目 | 金额 |
|------|------|------|------|
| 银行存款日记账余额 | | 银行对账单余额 | |
| 加：银行已收企业未收 | | 加：企业已收银行未收 | |
| 减：银行已付企业未付 | | 减：企业已付银行未付 | |
| 调节后的日记账余额 | | 调节后的对账单余额 | |

185

## 实训七　明细分类账簿的登记

### 一、实训目的

通过本实训，使学生了解各种明细分类账的格式和作用，掌握各种明细分类账的登记方法。

### 二、实训指导

明细分类账是分类登记某类经济业务详细情况的账簿。其账页格式可结合各项经济业务内容和经济管理的实际需要来设计，账页格式通常有三栏金额式、三栏数量金额式、多栏式、横线式等格式。

（一）三栏金额式明细分类账的登记方法

三栏金额式明细分类账的格式一般分为"借方"、"贷方"、"余额"三栏，适用于只需进行金额核算，不进行数量核算的账户，如"应收账款"、"短期借款"、"应付账款"、"长期借款"、"实收资本"等账户。

三栏金额式明细分类账应根据记账凭证和原始凭证或原始凭证汇总表逐日逐笔按顺序登记，并逐日结出余额，月份终了，应加计全月发生额，并定期与总分类账相核对。

## 应收账款——江河市食品公司明细分类账

科目　**应收账款**　编码（112202）　**2014** 年度

| 2014年 | | 凭证编号 | 摘　要 | 对方科目编码 | 借　　方 | | | | | | | | | 贷　　方 | | | | | | | | | 借或贷 | 余　　额 | | | | | | | | |
|---|---|---|---|---|---|---|---|---|---|---|---|---|---|---|---|---|---|---|---|---|---|---|---|---|---|---|---|---|---|---|---|---|
| 月 | 日 | | | | 千 | 百 | 十 | 万 | 千 | 百 | 十 | 元 | 角 | 分 | 千 | 百 | 十 | 万 | 千 | 百 | 十 | 元 | 角 | 分 | | 千 | 百 | 十 | 万 | 千 | 百 | 十 | 元 | 角 | 分 |
| 3 | 1 | | 期初余额 | | | | | | | | | | | | | | | | | | | | | | 借 | | | | 5 | 0 | 0 | 0 | 0 | 0 | 0 |
| | 6 | 收4 | 收回江河公司货款 | | | | | | | | | | | | | | | 2 | 0 | 0 | 0 | 0 | 0 | 0 | 借 | | | | 3 | 0 | 0 | 0 | 0 | 0 | 0 |
| | 10 | 转15 | 应收江河公司销货款 | | | 1 | 1 | 7 | 0 | 0 | 0 | 0 | 0 | | | | | | | | | | | 借 | | | 1 | 4 | 7 | 0 | 0 | 0 | 0 |
| | 20 | 转36 | 应收江河公司销货款 | | | 2 | 3 | 4 | 0 | 0 | 0 | 0 | 0 | | | | | | | | | | | 借 | | | 3 | 8 | 1 | 0 | 0 | 0 | 0 |
| | 25 | 收30 | 收回江河公司货款 | | | | | | | | | | | | | | 2 | 5 | 0 | 0 | 0 | 0 | 0 | 借 | | | 1 | 3 | 1 | 0 | 0 | 0 | 0 |
| | | | | | | | | | | | | | | | | | | | | | | | | | | | | | | | | | | |
| | | | | | | | | | | | | | | | | | | | | | | | | | | | | | | | | | | |

（二）数量金额式明细分类账的登记方法

数量金额式明细分类账账页也设"收入"、"发出"和"结存"三栏式的基本结构，但在每栏下面又分别设置"数量"、"单价"和"金额"3 个小栏目，这种格式适用于既需要进行金额核算，又需要进行具体的实物数量核算的各种财产物资的核算，例如"原材料"、"周转材料"、"库存商品"等账户。

数量金额式明细分类账一般由仓库保管员或财务人员登记，根据原始凭证，按照经济业务发生的时间顺序逐日逐笔登记。具体登记方法如下：

（1）凭证种类、编号栏。仓库保管员可按照原始凭证的字、号进行填写，如领料单的"领"字、收料单的"收"字、产成品入库的"入"字、出库单的"出"字等，一般只登记数量。财务人员可根据记账凭证的编号及所附的原始凭证逐笔登记，不单登记数量，还要登记金额。

（2）三个数量栏分别填写实际入库、出库和结存的财产物资的数量。

# 原材料明细分类账

科目：原材料　　　　　编码（140301）　　　　　2014 年度　　　　　名称及规格：面粉

存储地点：1 号库　　　最高存量　　最低存量　　计量单位：千克　　　第　页

| 2014年 月 | 日 | 凭证 号数 | 摘要 | 收入 数量 | 收入 单价 | 收入 金额 | 发出 数量 | 发出 单价 | 发出 金额 | 结存 数量 | 结存 单价 | 结存 金额 |
|---|---|---|---|---|---|---|---|---|---|---|---|---|
| 4 | 1 | | 期初余额 | | | | | | | 5 000 | 5.00 | 25 000 00 |
| | 5 | 材 2 | 材料入库 | 3 000 | 5.20 | 15 600 00 | | | | 8 000 | | |
| | 7 | 材 6 | 生产领用 | | | | 3 000 | | | 5 000 | | |
| | 10 | 材 8 | 材料入库 | 5 000 | 5.50 | 27 500 00 | | | | 10 000 | | |
| | 15 | 材 10 | 生产领用 | | | | 3 000 | | | 7 000 | | |
| | 16 | 材 18 | 生产领用 | | | | 2 000 | | | 5 000 | | |
| | 20 | 材 20 | 材料入库 | 7 000 | 5.00 | 35 000 00 | | | | 12 000 | | |
| | 25 | 材 25 | 结转成本 | | | | 8 000 | 5.155 | 41 240 00 | 12 000 | | |
| | 30 | | 每月合计 | 15 000 | | 78 100 00 | 8 000 | 5.155 | 41 240 00 | 12 000 | 5.155 | 61 860 00 |

注：本明细分类账中原材料发出采用加权平均法计算每月加权平均单价。

加权平均单价 = $\dfrac{5\,000 \times 5.00 + 3\,000 \times 5.20 + 5\,000 \times 5.50 + 7\,000 \times 5.00}{5\,000 + 3\,000 + 5\,000 + 7\,000} = 5.155$（元/千克）

发出材料成本 = 8 000 × 5.155 = 41 240（元）

结存材料成本 = 5 000 × 5.00 + 3 000 × 5.20 + 5 000 × 5.50 + 7 000 × 5.00 − 41 240 = 61 860（元）

188

（3）收入单价栏和金额栏以材料为例，按照入库材料的实际单位成本和实际总成本登记。

（4）发出和结存栏中的单价和金额栏，以材料为例，登记时间及金额取决于企业所采取的期末存货计价方法。如果采用月末一次加权平均法，在平时出库时，只记数量，不记单价和金额，出库单价和金额在月末通过计算加权平均单价后登记，并相应计算出库物资的金额，同时登记结存物资的单价和金额栏。采用先进先出法、个别计价法等发出材料计价方法，则需要在记账时采用相应的方法计算支出栏的单价、金额，并相应登记结存的数量、单价、金额。

（三）多栏式明细分类账的登记方法

多栏式明细分类账，是根据经济业务的特点和经营管理的需要，在一张账页内按有关明细科目或明细项目分设若干专栏，用以在同一张账页集中反映各有关明细科目或明细项目的明细账。按明细分类账登记的经济业务不同，多栏式明细分类账页又分为借方多栏、贷方多栏和借贷方均多栏三种格式。

借方多栏式明细分类账适用于借方需要设多个明细科目或明细项目的账户，一般适用于成本、费用类科目的明细核算，如"管理费用"、"生产成本"、"制造费用"、"营业外支出"等明细分类账。

贷方多栏式明细分类账适用于贷方需要设多个明细科目或明细项目的账户，如"主营业务收入"和"营业外收入"等科目的明细分类核算。

借贷方多栏式明细分类账，在账页中设置借方、贷方和余额三个栏目，同时在借方、贷方栏内按照明细项目分设专栏。借方贷方多栏式明细分类账的账页格式适用于借方贷方均需要设多个明细科目或明细项目的账户，如"应交税费——应交增值税"、"本年利润"等科目的明细分类核算。

多栏式明细分类账的登记方法如下：

（1）借方多栏式明细分类账是由会计人员根据审核无误的记账凭证或原始凭证逐笔登记的，由于借方多栏式明细分类账只在借方设多栏，不设贷方，平时在借方登记费用、成本或者营业外支出等明细分类账的发生额，贷方登记月末将借方发生额一次转出的数额，因无贷方栏目，所以用红字在借方相应的栏目进行登记，平时如发生贷方发生额，也用红字在借方多栏中登记。

（2）贷方多栏式明细分类账是由会计人员根据审核无误的记账凭证或原始凭证逐笔登记的，由于贷方多栏式明细分类账设贷方多栏，平时所产生的主营业务收入、营业外收入等明细分类账的发生额，都登记在贷方相应的多栏中，借方在月末的时候结转主营业务收入、营业外收入等明细账时登记，因无借方栏目，所以用红字在贷方相应的栏目进行登记，如果平时发生退货或销售折扣与折让，也需要用红字在贷方多栏中进行登记。

（3）借贷方多栏式明细分类账是由会计人员根据审核无误的记账凭证或原始凭证，对各明细项目的借、贷方进行逐日逐笔登记的，并逐笔结出余额，月末，应加计全月发生额，并按规定结账。

（四）横线登记式明细分类账的登记方法

横线登记式明细分类账也叫平行式明细分类账，是将前后密切相关的经济业务在同一横线内进行详细登记的明细账。该种明细账只设"借方"和"贷方"两栏，适用于"在途物资"、"材料采购"、"其他应收款"等账户的明细分类核算。

# 管理费用明细分类账

2014 年度

科目 管理费用　编码（5502）

| 2014年 | | 凭证 | | 摘要 | （借）方发生额 | | | | | | | 合计 |
| 月 | 日 | 种类 | 编号 | | 职工薪酬 | 办公费 | 折旧费 | 差旅费 | 招待费 | 保险费 | 其他 | |
|---|---|---|---|---|---|---|---|---|---|---|---|---|
| 4 | 2 | 付 | 3 | 付办公费 | | 35000 | | | | | | 35000 |
| | 5 | 转 | 5 | 计提工资 | 2000000 | | | | | | | 2000000 |
| | 5 | 付 | 5 | 报支报差旅费 | | | | 85000 | | | | 85000 |
| | 15 | 付 | 25 | 李利报招待费 | | | | | 22000 | | | 22000 |
| | 25 | 转 | 35 | 提折旧 | | | 2000000 | | | | | 2000000 |
| | 25 | 付 | 42 | 付办公室租金 | | 1000000 | | | | | | 1000000 |
| | 30 | 转 | 30 | 结转管理费用 | 2000000 | 1035000 | 2000000 | 85000 | 22000 | | | 2442000 |
| | 30 | | | 期末余额 | | | | | | | | 0 |

注：数字用方框（如 2 000 ）表示红字。

190

横线登记式明细分类账的登记方法为：由会计人员根据审核无误的记账凭证或原始凭证逐笔进行登记。当经济业务发生时，在某一方"借方"进行登记后，与其相应的业务则不管什么时候再发生，均在同一行次的"贷方"平行登记，以便加强对这类业务的查对与监督。例如"在途物资"采用横线登记式明细账登记，"借方"登记物资付款时的实际采购成本，在同一行"贷方"登记物资入库情况，同一行内如果借方、贷方都有记录，且金额相等，表明该项购进业务已付款并已入库，如果只有借方记录，没有贷方记录，或借方记录大于贷方记录，则表示该项经济业务还未结束。在会计期末，只有借方金额或借方金额大于贷方金额，则表示该物资是在途物资。

# 在途物资明细分类账

科目 __在途物资__ 编码（1402）　　　　__2014__ 年度

| 户名 | 借方 | | | | | 贷方 | | | | |
|---|---|---|---|---|---|---|---|---|---|---|
| | 2014年 月 日 | 凭证号数 | 摘要 | 金额 千百十万千百拾元角分 | | 2014年 月 日 | 凭证号数 | 摘要 | 金额 千百十万千百拾元角分 | |
| 长城公司 | 4　5 | 付6 | 付材料款 | 1 0 0 0 0 0 0 0 | | 4　15 | 转5 | 材料入库 | 6 0 0 0 0 0 0 | |
| | | | | | | 4　18 | 转12 | 材料入库 | 4 0 0 0 0 0 0 | |
| 江海公司 | 4　17 | 付10 | 付材料款 | 3 0 0 0 0 0 0 | | | | | | |

## 三、实训资料

实训一和实训四所给资料编制的记账凭证。

## 四、实训要求

（1）根据所给资料登记"应收账款"、"其他应收款"、"在途物资"、"原材料"、"库存商品"、"生产成本"、"应付账款"、"应交税费"明细分类账簿的期初余额。

（2）根据所给资料按照三栏金额式明细账的登记要求登记"应收账款——黄河食品公司"、"应付账款——黄河面粉厂"、"应付账款——江城市纸箱厂"、"应交税费——未交增值税"、"应交税费——应交城建税"、"应交税费——应交教育费附加"、"应交税费——应交个人所得税"等明细账。

（3）根据所给资料按照三栏数量金额式明细账的登记要求登记"原材料——面粉"、"原材料——食糖"、"原材料——巧克力"、"库存商品——葱油饼干"、"库存商品——巧克力"等明细账。

（4）根据所给资料按照多栏式明细账的登记要求逐笔登记"生产成本——葱油饼干"、"生产成本——巧克力饼干"、"管理费用"、"应交税费——应交增值税"（借贷方多栏式）等明细账。

（5）根据所给资料按照横线登记式明细账的登记要求逐笔登记"在途物资——江州市纸箱厂"、"在途物资——江河食品有限公司"、"在途物资——江城市面粉厂"、"其他应收款——苏军"等明细账。

（6）按要求登记各明细账后并进行月结。

## 五、实训用具

"应收账款"、"其他应收款"、"在途物资"、"原材料"、"库存商品"、"生产成本"、"应付账款"、"应交税费"等明细账若干页。

# 实训八　科目汇总表的编制

## 一、实训目的

通过本实训，使学生了解科目汇总表的平衡原理，掌握本期发生额试算平衡的基本方法，从而更深入地理解和掌握借贷记账法的内容。

## 二、实训指导

为了简化登记总分类账的工作，可以先编制科目汇总表，然后根据科目汇总表编制总分类账。科目汇总表是将一定期间的全部记账凭证按照相同科目的借方和贷方归类，定期汇总每一个科目的借方本期发生额和贷方本期发生额填入固定的表格中。科目汇总表的编制期间由企业根据经营管理的需要确定，可以 3 天、5 天、10 天或 15 天编制一次，也可 1 个月编制一次。科目汇总表的编制方法如下：

### 1. 登记 T 形账

登记 T 形账是编制科目汇总表的基础环节，记账凭证填制完成后，应按凭证中涉及的总账科目逐一开设 T 形账，把相同科目的借方、贷方发生额相应地登记到 T 形账中，待所有的凭证都登记完毕，再将每个 T 形账中的借贷方发生额汇总。

所有凭证涉及科目的 T 形账都登记完毕后，需要把每个 T 形账户的借、贷方发生额汇总，据以编制科目汇总表。

# 科目汇总表

2014 年 4 月 1 日—10 日　　　　　　　　　　　　　　　　汇字第 1 号

| 借方金额 亿 | 千 | 百 | 十 | 万 | 千 | 百 | 十 | 元 | 角 | 分 | √ | 会计科目 | 贷方金额 亿 | 千 | 百 | 十 | 万 | 千 | 百 | 十 | 元 | 角 | 分 | √ |
|---|---|---|---|---|---|---|---|---|---|---|---|---|---|---|---|---|---|---|---|---|---|---|---|---|
| | | | | 3 | 5 | 0 | 0 | 0 | 0 | 0 | | 库存现金 | | | | | 3 | 5 | 0 | 0 | 0 | 0 | 0 | |
| | | | | 7 | 5 | 6 | 5 | 4 | 0 | 0 | | 银行存款 | | | | | 9 | 3 | 0 | 0 | 0 | 0 | 0 | |
| | | | | 7 | 0 | 2 | 0 | 0 | 0 | 0 | | 应收账款 | | | | | | | | | | | | |
| | | | | 4 | 2 | 0 | 0 | 0 | 0 | 0 | | 原材料 | | | | | | | | | | | | |
| | | | | 6 | 2 | 0 | 0 | 0 | 0 | 0 | | 材料采购 | | | | | | 4 | 2 | 0 | 0 | 0 | 0 | 附 |
| | | | | | 6 | 2 | 0 | 0 | 0 | 0 | | 制造费用 | | | | | | | | | | | | 件 |
| | | | | | | | | | | | | 应付票据 | | | | | 2 | 3 | 4 | 0 | 0 | 0 | 0 | |
| | | | | | 3 | 5 | 0 | 0 | 0 | 0 | | 应付职工薪酬 | | | | | | | | | | | | 21 |
| | | | | | 1 | 3 | 2 | 0 | 0 | 0 | | 应交税费 | | | | | 1 | 6 | 3 | 4 | 5 | 0 | 0 | |
| | | | | | 3 | 0 | 0 | 0 | 0 | 0 | | 所得税费用 | | | | | | | | | | | | 张 |
| | | | | | | | | | | | | 主营业务收入 | | | | | 7 | 8 | 5 | 0 | 0 | 0 | 0 | |
| | | | | | | | | | | | | 投资收益 | | | | | | 4 | 0 | 0 | 0 | 0 | 0 | |
| | | | | | | | | | | | | 实收资本 | | | | | 5 | 0 | 0 | 0 | 0 | 0 | 0 | |
| | | | 3 | 4 | 2 | 2 | 4 | 5 | 0 | 0 | | 合计 | | | | 3 | 4 | 2 | 2 | 4 | 5 | 0 | 0 | |

会计主管：张月荣　　　　记账：　　　　　　复核：　　　　　　制表：王铭

2. 编制科目汇总表

（1）登记汇总表汇总的凭证所属的期间。

（2）将 T 形账中的各会计科目名称登记在"会计科目"一列，同时将各科目的借方、贷方发生额分别填入科目汇总表的相应项目中。

（3）在"附件　张"处填写涉及的记账凭证的起止号数。

（4）汇总"本期发生额"中借、贷方发生额并进行核对，如金额不相符，需要重新查对，直到正确为止，但注意，金额一致并不能保证记账无差错。

## 三、实训资料

实训四编制的记账凭证。

## 四、实训要求

（1）根据实训四编制的记账凭证，登记 T 形账（或科目汇总表工作底稿）。

（2）根据所给资料和 T 形账，每 10 天编制一张科目汇总表。

（3）根据科目汇总表进行试算平衡（发生额平衡）。

## 五、实训用具

科目汇总表 3 张。

科目汇总表样式如下：

# 科目汇总表

年　月　日—　日　　　　　　　　　　　　　　　　汇字第　　号

| 借方金额 | | | | | | | | | | | √ | 会计科目 | 贷方金额 | | | | | | | | | | | √ | |
|---|---|---|---|---|---|---|---|---|---|---|---|---|---|---|---|---|---|---|---|---|---|---|---|---|---|
| 亿 | 千 | 百 | 十 | 万 | 千 | 百 | 十 | 元 | 角 | 分 | | | 亿 | 千 | 百 | 十 | 万 | 千 | 百 | 十 | 元 | 角 | 分 | | |
| | | | | | | | | | | | | | | | | | | | | | | | | | 附件 |
| | | | | | | | | | | | | | | | | | | | | | | | | | |
| | | | | | | | | | | | | | | | | | | | | | | | | | |
| | | | | | | | | | | | | | | | | | | | | | | | | | |
| | | | | | | | | | | | | | | | | | | | | | | | | | |
| | | | | | | | | | | | | | | | | | | | | | | | | | 张 |
| | | | | | | | | | | | | | | | | | | | | | | | | | |
| | | | | | | | | | | | | | | | | | | | | | | | | | |
| | | | | | | | | | | | | | | | | | | | | | | | | | |

会计主管：　　　　　记账：　　　　　　复核：　　　　　　制表：

## 实训九　总分类账簿的登记

### 一、实训目的

通过本实训，使学生掌握采用科目汇总表登记总账的基本方法，了解企业对账和结账的基本操作程序，并学会编制试算平衡表。

### 二、实训指导

总分类账簿是分类、连续记录经济业务总括情况的账簿。总分类账一般采用订本三栏式账页，它只提供金额指标，其基本格式一般采用"借方"、"贷方"、"余额"三栏式。

（一）总分类账簿的登记

总分类账簿的登记有两种方法：一种是逐笔登记法，另一种是汇总登记法。

1. 逐笔登记法

逐笔登记法是会计人员根据所编制的记账凭证和所附原始凭证逐日逐笔进行登记的方法。登记时要将记账凭证的日期和编号，记入账户的"年、月、日"和"凭证号数"栏，写明"摘要"，把应借应贷的金额记入各账户的借方或贷方栏，每日登记完毕应结出余额并标明借贷方向，月份终了，应加计全月发生额，与所属明细分类账核对相符。

2. 汇总登记法

汇总登记法是定期将所有的记账凭证按照一定的方法进行归类汇总，编制成"科目汇总表"（或记账凭证汇总表），然后再根据所编制的科目汇总表在相应的账户中进行登记，采用科目汇总表登记总账时，在"日期"栏，应填写科目汇总表的编制日期，"凭证号数"栏填写科目汇总表的编号，"摘要"栏填写"根据×月×日至×月×日记账凭证汇总"或只注明发生额的起止日期，应借应贷金额记入各账户的同一行的"借方"、"贷方"栏，并及时结出余额，并标明借贷方向，月份终了，应加计全月发生额，与所属明细分类账核对相符。

总分类账簿的登记采用何种登记方法取决于企业采用的会计核算程序，企业采用的会计核算程序取决于该企业经济规模的大小和业务的繁简程度，一般来说，企业经济规模较小，经济业务量较少的单位，可以采用逐笔登记法，而企业规模较大，业务较多的单位一般采用汇总登记法。

# 总　分　类　账

科目　短期借款　编码（2001）　　　2014 年度

| 2014年 | | 凭证编号 | 摘　　要 | 对方科目编码 | 借　　方 | 贷　　方 | 借或贷 | 余　　额 |
|---|---|---|---|---|---|---|---|---|
| 月 | 日 | | | | 千百十万千百十元角分 | 千百十万千百十元角分 | | 千百十万千百十元角分 |
| 4 | 1 | | 期初余额 | | | | 贷 | 5 0 0 0 0 0 0 |
| | 10 | 科汇1 | 1—10日发生额 | | 5 0 0 0 0 0 0 | 8 0 0 0 0 0 0 | 贷 | 8 0 0 0 0 0 0 |
| | 20 | 科汇2 | 11—20日发生额 | | 3 0 0 0 0 0 0 | 2 0 0 0 0 0 0 | 贷 | 7 0 0 0 0 0 0 |
| | 30 | 科汇3 | 21—30日发生额 | | 1 6 0 0 0 0 0 | 1 5 0 0 0 0 0 | 贷 | 6 0 0 0 0 0 0 |
| | | | 本期发生额及余额 | | 2 4 0 0 0 0 0 | 2 5 0 0 0 0 0 | 贷 | 6 0 0 0 0 0 0 |

（二）对账和结账

1．对账

对账是指在会计核算中对账簿记录所进行的核对工作。为了保证各种账簿记录的真实、正确和完整，必须做好对账工作，以做到账证、账账、账实相符。

对账工作的主要内容包括以下三个方面：

（1）账证核对。

账证核对是将各种会计账簿（总分类账、明细分类账以及库存现金日记账和银行存款日记账等）与有关的会计凭证（收款凭证、付款凭证和转账凭证及其所附原始凭证）进行核对。

（2）账账核对。

账账核对是将各种账簿之间的有关数字进行核对。每月至少进行一次。核对内容主要包括：

①总分类账户的核对。全部总分类账户本月借方发生额合计数与贷方发生额合计数、期末借方余额合计数与贷方余额合计数核对相符。

②总分类账与各有关明细分类账之间的核对。将各总分类账与所属的明细账进行核对，检查各总分类账所属的明细分类账的发生额合计和余额合计与其总分类账的发生额和余额是否相符。

③总分类账与日记账之间的核对。将库存现金、银行存款总账与库存现金日记账、银行存款日记账进行核对，检查库存现金、银行存款日记账本期发生额及其期末余额与总账是否相符。

④各部门明细分类账的核对。会计部门的各种财产物资明细账余额与财产物资使用或保管部门的有关明细账余额核对相符。

（3）账实核对。

账实核对是指对各项财产物资、债权债务等账面余额与实有数额之间的核对。核对内容主要包括：

①库存现金日记账的账面余额每日与现金实际库存数额相核对。

②银行存款日记账的账面余额与开户银行账目相核对，每月至少核对一次。

③各种财产物资明细账的账面余额与财产物资的实存数额相核对。

④各种应收、应付账项的明细分类账的账面余额与有关债权、债务单位（或个人）相核对。

在会计上，账实核对一般通过财产清查进行。

2．结账

结账是把一定时期（月份、季度、年度）内发生的经济业务在全部登记入账的基础上，结算出各种账簿的本期发生额和期末余额的活动。

结账的内容主要有：

（1）结账程序。

①结账前，必须将本期内发生的各项经济业务全部登记入账。

②实行权责发生制的单位，应按照权责发生制的要求进行账项调整的账务处理，合理确定本期应计的收入和应计的费用，将有关收入（收益）、费用（损失）转入"本年利

润"账户，结平所有损益类账户，以计算确定本期的成本、费用、收入和财务成果。

③计算登记各类账户的本期发生额和期末余额。这项工作一般在月末进行，称为"月结"；有的账户还需按季结算，称为"季结"；年度终了，还应进行年终结账称为"年结"。

（2）结账内容。

①结算收入、费用类账户。对于收入、费用类账户，会计期末应将其余额结平，据以计算确定本期的盈利或亏损，在账面上揭示出经营成果，为编制利润表提供依据。

②结算各资产、负债和所有者权益类账户。会计期末（月末、季末、年末），应分别结出资产、负债和所有者权益总分类账和明细分类账的本期发生额及期末余额，并将期末余额结转为下期的期初余额，以分清上下期的会计记录，为编制资产负债表提供依据。

（3）结账方法。

结账的标志是划红线，目的是突出有关数字，表示本期的会计记录已经截止或者结束，并将本期与下期的记录明显分开，一目了然，便于编制报表。结账的具体方法在办理月结、季结和年结时有所不同。

①月结。办理月结时，月末应在各账户本月最后一笔记录下面划一条通栏红线，表示本月经济业务已经结束。然后，在红线下面一行结算出本月发生额和月末余额，在"摘要"栏内注明"本月合计"或"本月发生额及余额"字样；如无余额，应在"余额"栏"元"位注明"0"，并在"借或贷"栏内写上"平"字。最后，再在下面划一通栏红线，表示完成月结工作。

②季结。季结的结账方法与月结基本相同：季末，在各账户本季度最后一个月的月结下面划一通栏红线，表示是本季经济业务已经结束。然后，在红线下面一行结算出本季发生额和季末余额，在"摘要"栏内注明"本季发生额及余额"字样。最后，再在下面划一条通栏红线，表示完成季结工作。

③年结。年末，应在12月份月结下面（需办理季结的，应在第四季度的季结下面），结算填列全年12个月的发生额及年末余额，在"摘要"栏内注明"本年合计"或"本年发生额及余额"字样，最后，再在下面划通栏双红线，表示封账。

（4）结账时应注意不同账户记录分别采用不同的结账方法。

①对于不需要按月结计本期发生额的账户（如各项应收账款和各项财产物资明细账等），每次记账后，都要结出余额，每月最后一笔余额即为月末余额，月末结账时，只需在最后一笔业务记录之下划一条红线，不需再结计一次余额。

②某些账户如果在本月只发生一笔经济业务，由于该笔记录的金额就是本月发生额，结账时，只要在此行记录下划一条单红线，与下月的发生额分开即可，不需另结出"本月合计"。

③库存现金、银行存款日记账和需要按月结计发生额的收入、费用等明细账，每月结账时，要在最后一笔经济业务记录下面划一条单红线，结出本月发生额和余额，在"摘要"栏内注明"本月合计"，在下面再划一条单红线。

④需要结计本季累计、本年累计发生额的某些明细账户，如主营业务收入、主营业务成本、管理费用等明细账，应在"本月合计"行下结计自季初至本月止的累计发生额，登记在月份发生额下面，在"摘要"栏内注明"本季累计"，并在下面划一条单红线，在

196

"本季累计"行下结计自年初至本月止的累计发生额，登记在"本季累计"的下面，在"摘要"栏内注明"本年累计"，并在下面再划一条单红线，12月份"本年累计"下面划双红线。

⑤总账账户平时只结计月末余额。年终结账时，为反映全年各项资产、负债和所有者权益增减变动情况，便于核对账目，要将所有的总账账户结计全年发生额和年末余额，在"摘要"栏内注明"本年合计"字样，并在合计数下划双红线。

（三）试算平衡表的编制方法

在会计期末，为了检查总分类账簿记录的正确性，便于编制资产负债表和利润表，可定期（如每月月末）编制试算平衡表进行试算平衡。

编制试算平衡表时，要将本期（本月）所有的记账凭证全部过入各总分类账簿中，并分别结出各总分类账簿的本期发生额和期末余额，然后开始编制试算平衡表。

将所有期初余额、期末余额、发生额全部填入试算平衡表后，分别计算出"借方合计"和"贷方合计"，检查期初（末）借方余额合计是否与期初（末）贷方余额合计相等，本期借方发生额合计与贷方发生额合计是否相等。

如果试算平衡表借方余额合计数和贷方余额合计数相等，则表示会计记录基本正确。如果试算平衡表借方余额合计数和贷方余额合计数不相等，或有借方发生额合计和贷方发生额不相等，说明肯定存在错误，应当予以查明纠正。

# 试 算 平 衡 表

2014 年 4 月 30 日                                                          单位：元

| 账户名称 | 期初余额 | | 本期发生额 | | 期末余额 | |
|---|---|---|---|---|---|---|
| | 借方 | 贷方 | 借方 | 贷方 | 借方 | 贷方 |
| 库存现金 | 180 | | 16 400 | 16 260 | 320 | |
| 银行存款 | 110 000 | | 182 700 | 140 010 | 152 690 | |
| 应收票据 | 56 700 | | 325 000 | 56 700 | 325 000 | |
| 应收账款 | 42 000 | | 554 000 | 80 000 | 516 000 | |
| 原材料 | 50 000 | | 65 000 | 53 000 | 62 000 | |
| 库存商品 | 950 000 | | 170 000 | 745 000 | 375 000 | |
| 固定资产 | 1 450 000 | | 40 000 | | 1 490 000 | |
| 累计折旧 | | 40 000 | | 7 000 | | 47 000 |
| 短期借款 | | 15 000 | | | | 15 000 |
| 应付票据 | | | | | | |
| 应付账款 | | | 35 000 | 35 000 | | |
| 应付职工薪酬 | | | 15 300 | 15 300 | | |
| 应交税费 | | 10 000 | 10 000 | 20 000 | | 20 000 |
| 实收资本 | | 2 000 000 | | | | 2 000 000 |
| 盈余公积 | | 256 000 | | | | 256 000 |
| 本年利润 | | 337 880 | 759 400 | 1 004 530 | | 583 010 |
| 主营业务收入 | | | 1 004 530 | 1 004 530 | | |
| 主营业务成本 | | | 745 000 | 745 000 | | |
| 管理费用 | | | 8 000 | 8 000 | | |
| 财务费用 | | | 6 400 | 6 400 | | |
| 合计 | 2 658 880 | 2 658 880 | 3 936 730 | 3 936 730 | 2 921 010 | 2 921 010 |

财务主管：张月荣                    复核：                    制表：王铭

在编制试算平衡表时，如果试算平衡，即借方发生额（或余额）合计等于贷方发生额（或余额）合计，可以大体上推断账户记录正确，但不能肯定记账无误，因为有的错误是不能影响借贷平衡关系的，主要有：

①重记业务。

②错记科目，但错记科目经济性质相同，如同属资产类，或同属负债或所有者权益类，其试算平衡表仍是平衡。例如：记账时应记入"库存现金"，误记入"银行存款"或"原材料"科目。

③某项经济业务记录的应借应贷科目相互颠倒。例如：应该借记"应付账款10 000"，贷记"银行存款10 000"，结果错误地借记"银行存款10 000"，贷记"应付账款10 000"。

④记录某科目的金额一多一少，恰好互相抵销。例如："库存现金"少记500元，"银行存款"多记500元。

由于账户记录可能存在这些不能由试算平衡表来发现的错误，所以需要对一切会计记录进行日常或定期的复核，以保证账面记录的正确性。

### 三、实训资料

实训一所给的期初余额和实训四所给资料编制的科目汇总表（见实训八），实训五登记的库存现金日记账和银行存款日记账，实训七登记的"原材料"、"材料采购"、"管理费用"、"应付账款"等明细账资料。

### 四、实训要求

（1）根据实训一所给资料的期初余额登记全部总账的期初余额。

（2）根据实训八编制的科目汇总表每10日登记一次总账。

（3）登记全部总账并结出余额。

（4）将银行存款总账与实训五的银行存款日记账相核对；将"应收账款"、"其他应收款"、"在途物资"、"原材料"、"库存商品"、"生产成本"、"应付账款"、"应交税费"、"管理费用"等总账与实训七的"应收账款"、"其他应收款"、"在途物资"、"原材料"、"库存商品"、"生产成本"、"应付账款"、"应交税费"、"管理费用"等明细账相核对。

（5）按要求对各总账进行月结。

（6）编制本月试算平衡表。

### 五、实训用具

试算平衡表一张。

试算平衡表样式如下：

# 试 算 平 衡 表

年　　月　　日　　　　　　　　　　　单位：

| 账户名称 | 期初余额 | | 本期发生额 | | 期末余额 | |
|---|---|---|---|---|---|---|
| | 借方 | 贷方 | 借方 | 贷方 | 借方 | 贷方 |
| | | | | | | |
| | | | | | | |
| | | | | | | |
| | | | | | | |
| | | | | | | |
| | | | | | | |
| | | | | | | |
| | | | | | | |
| | | | | | | |
| | | | | | | |
| | | | | | | |
| | | | | | | |
| | | | | | | |
| | | | | | | |
| | | | | | | |
| | | | | | | |
| | | | | | | |
| | | | | | | |
| | | | | | | |

财务主管：　　　　　　　　复核：　　　　　　　　制表：

# 实训十　错账的更正

## 一、实训目的

通过本实训，使学生了解错账产生的原因，查找的方法，并能对发生的错账选择正确的方法加以更正。

## 二、实训指导

### （一）查找错账的方法

错账，往往是过账和结算账户时发生的错误，如错记、漏记、重记、记错科目、记反账、记错金额等，为了迅速、准确地更正错账，首先必须采用比较合理的方法查找错账。

结账时，如果试算不平衡，就可以肯定记账发生了错误，应该查找，不得拖延，更不允许伪造平衡，造成错上加错，查找错账可采用以下方法：

#### 1. 顺查法

顺查法也称正查法，是沿着"制证—过账—结账—试算"的账务处理顺序，从头到尾进行的普遍检查，即首先检查记账凭证是否正确，然后将记账凭证、原始凭证同有关账簿记录一笔一笔地进行核对，最后检查有关账户的发生额和余额。这种检查方法，可以发现重记、漏记、错记科目、错记金额等。该方法主要用于期末对账簿进行的全面核对和不规则的错误查找，其优点是查找范围大，不易遗漏；缺点是工作量大，需要的时间比较长。所以在实际工作中，一般是在采用其他方法查找不到错误的情况下采用这种方法。

#### 2. 逆查法

逆查法也称反查法，是沿着"试算—结账—过账—制证"的逆账务处理程序，从尾到头进行的普遍检查，即先检查各有关账户的余额是否正确，然后将有关账簿按照记录的顺序由后向前同有关记账凭证或原始凭证进行逐笔核对，最后检查有关记账凭证的填制是否正确。这种方法的优缺点与顺查法相同。所不同的是，根据实际工作的需要，在由于某种原因造成后期产生差错的可能性较大时采用此方法。

#### 3. 抽查法

抽查法是对整个账簿记录抽取其中某部分进行局部检查的一种方法。当出现差错时，可根据具体情况分段、重点查找。将某一部分账簿记录同有关的记账凭证或原始凭证进行核对。还可以根据差错发生的位数有针对性地查找。如果差错是角、分，只要查找元以下尾数即可；如果差错是整数的千位、万位，只需查找千位、万位数即可，其他的位数就不用逐项或逐笔地查找了。这种方法的优点是范围小，可以节省时间，减少工作量。

#### 4. 偶合法

偶合法是根据账簿记录中经常遇见的差错的规律，推测与差错有关的记录而进行查找的一种方法。这种方法主要适用于漏记、重记、错记的查找。

（1）差额检查法。

这是直接根据账账之间的差额数字来查找错误的方法。如银行存款日记账余额为33 000元，该账户总账余额为32 500元，相差500元，可直接根据日记账余额与总账的差额来查找，看是否有重记或漏记。记重账时，可从账簿记录中查找，如果同一笔记录中，有两个数相同并与这个差数（500元）相等，其中一个数可能是重记的数字。漏记账时，可从记账凭证中直接查找500元的经济业务，看是否漏登账。

（2）差额除 2 法。

这是将账账之间的差额数字除以 2，按商数来查找错误的方法，这种方法适用于查找记反账的错误。例如，原有库存商品 5 000 元，又入库 1 000 元，应在"库存商品"账户借方登记 1 000 元，余额应为 6 000 元，结果在"库存商品"账户贷方误记 1 000 元，致使余额只有 4 000 元，相差 2 000 元，用这个差数 2 000 元除以 2，商数是 1 000 元，便是错记数，查找时应着重注意有无 1 000 元的业务记反了账。

（3）差额除 9 法。

这是把账账之间的差额数字除以 9，根据商数分析，判断查找错误的方法，这种方法适用于查找数字错位和邻数倒置所引起的错误。

数字错位是指在过账时，记错了数字的位数，例如将千位数记成了百位数（大变小），或把百位数变成千位数（小变大），这就会使正确的数字缩小 90% 或扩大 9 倍，数字错位所造成的差额总是 9 的倍数。如果由大变小，正确数与错误数的差额是一个正数，这个差额数除以 9 所得的商数，便是记错的数字，将商数乘以 10 就是正确的数字，如将 320 错写成 32，差额 288 除以 9，商数 32 便是错写的数字，32 乘以 10 得 320 即是正确的数字。如果由小变大，正确数与错误数的差额是一个负数，这个差额除以 9 所得的商数绝对值是便是正确的数字，商数乘以 10 所得到的绝对值便是错写的数字，例如 75 错写成 750，差额 −675 除以 9，商数为 −75，其绝对值 75 便是正确的数字，−75 乘以 10 得 −750，其绝对值便是错写的数字。

邻数倒置是指在过账时，把相邻的两个数互换了位置。如 65 错记 56，或把 48 错记 84，两个数字颠倒后，个位变成了十位数，十位变成了个位数，这就造成 9 的倍数的差额。如果前大后小颠倒为前小后大，正确数与错误数的差额就是一个正数，这个差额除以 9 所得的商数的有效数字便是相邻颠倒两数的差值，如 65 错记 56，差额 9 除以 9，商数是 1，这就是相邻颠倒两数的差值(6−5)。如果前小后大颠倒为前大后小，正确数与错误数的差额是一个负数，这个差额除以 9 所得的商数的有效数字就是相邻颠倒两数的差值，如把 48 错记 84，差数 −36 除以 9，商数是 −4，这就是相邻颠倒两数的差值(4−8)，可以在两个邻数差值相同的金额范围内去查找。

对于在日常填制会计凭证和登记账簿过程中出现的一些差错，应采用适当方法查找，切忌生搬硬套，要从实际出发，灵活运用查找差错的方法，有时还要几种方法结合起来使用，通过反复核实，一定会得出正确的结果。

（二）错账的更正方法

会计人员填制会计凭证和登记账簿，必须严肃认真，尽最大努力把账记好算对，防止差错，保证核算质量。如果发现差错，应采用规范的方法进行更正。

错账更正是指根据记账凭证登记账簿之后，发现已登记的账簿有错而采用的一种补救措施。按《会计基础工作规范》的规定，错账更正不准涂改、挖补、刮擦或用药水消除字迹，不准重新抄写，而必须采用规定的更正方法进行更正，更正错账的方法一般有划线更正法、红字更正法和补充登记法三种。

1. 划线更正法

划线更正法适用于编制的记账凭证没有错误，但在记账或结账过程中发现账簿记录中文字或数字有错误的情况。

具体更正步骤如下：

①在错误的的文字或数字上用红笔划一条横线注销，划线时，应将错误的数字全部划

红线，并保证原来的字迹仍可辨认。

②在红线的上方空白处用蓝字写上正确的文字或数字，并在更正处签章。

2. 红字更正法

红字更正法适用于以下两种情况：

① 记账以后，发现编制的记账凭证中会计科目名称错误或者借贷方向错误而导致账簿记录出现了错误。

② 记账以后，发现编制的记账凭证中会计科目名称和借贷方向均没有错误，但记账凭证中所记金额大于应记的金额，从而导致账簿记录出现了错误。

第一种错误情况更正步骤如下：

① 填制一张红字金额的记账凭证。其中，凭证日期为更正凭证的日期，摘要栏中注明"注销×月×日×号凭证"，会计科目名称和方向与原错填记账凭证相同，金额与原错记账凭证相同，但必须用红字书写。

② 用蓝字填制一张正确的记账凭证。其中，日期为更正凭证的日期，摘要栏中注明"订正×月×日×号凭证"，会计科目名称、方向和金额按正确的要求书写。

③ 将上述两张记账凭证交给审核人员审核后，及时登记入账。

第二种错误情况更正步骤如下：

① 计算多记的金额，并将多记的金额用红字填制一张记账凭证。日期为更正凭证的日期，摘要栏中注明"冲销×月×日×号凭证多记金额"，会计科目名称和方向与原多记金额的记账凭证相同，金额为原错填的记账凭证的金额与正确金额之差。

② 将上述两张记账凭证交给审核人员审核后，及时登记入账。

3. 补充登记法

补充登记法适用于记账以后，发现编制的记账凭证中会计科目名称和借贷方向均没有错误，但记账凭证账户中所记金额小于应记的金额，从而导致账簿记录出现了错误。

更正步骤如下：

① 计算少记的金额，并将少记的金额用蓝字填制一张记账凭证。其中，凭证日期为补填凭证的日期，摘要栏中注明"补记×月×日×号凭证少记金额"，会计科目名称和方向与原少记金额的记账凭证相同，金额为正确金额与原错填的记账凭证的金额之差。

② 将上述两张记账凭证交给审核人员审核后，及时登记入账。

# 错账的更正方法汇总表

| 序号 | 记账凭证 | | 账簿 | 更正方法 | 更正步骤 | 助记口诀 |
| | 会计科目名称和方向 | 金额 | | | | |
|---|---|---|---|---|---|---|
| 1 | 正确 | 正确 | 错误 | 划线更正法 | 两步（①划红线；②蓝字更正并签章） | 证对账错划线法，划线改正又盖章，文字个改数全部 |
| 2 | 其中一项或两项错误 | 无论金额正确与否 | 错误 | 红字更正法 | 两步（①红字凭证冲销；②蓝字凭证更正） | 证错账错红字法，多记证账红字冲，科目方向出错误，先冲后填要记牢 |
| 3 | 正确 | 多记 | 错误 | 红字更正法 | 一步（红字凭证冲销多记的金额） | |
| 4 | 正确 | 少记 | 错误 | 补充登记法 | 一步（蓝字凭证补记少记的金额） | 证错账错补充法，少记证账蓝字补 |

公司 2014 年 4 月 30 日对账时发现该月份有 4 笔经济业务出现错账。有关凭证及账簿记录的具体情况如下：

1.

## 银行进账单（收账通知）

**3**

2014 年 4 月 12 日　　　　　　　　　　　　　　　　第　　号

| 签发人 | 全　称 | 江城鑫源超市 | 收款人 | 全　称 | 江城食品有限公司 |
|---|---|---|---|---|---|
| | 账　号 | 4204527634 | | 账　号 | 200535687 |
| | 开户银行 | 工商银行永安里支行　行号 20085 | | 开户银行 | 建行长江支行　行号 |

| 人民币（大写） | 叁万陆仟柒佰元整 | 千 | 百 | 十 | 万 | 千 | 百 | 十 | 元 | 角 | 分 |
|---|---|---|---|---|---|---|---|---|---|---|---|
| | | | ¥ | 3 | 6 | 7 | 0 | 0 | 0 | 0 | |
| 票据种类 | 转账支票 | | | | | | | | | | |
| 票据张数 | 1 | | | | | | | | | | |

（中国建设银行长江支行 2014.04.12 转账 转讫）

## 收　款　凭　证

借方科目：银行存款　1002　　　　　2014 年 4 月 12 日　　　　　收字第 10 号

| 摘　要 | 科目编码 | 贷方总账科目 | 明细科目 | √ | 千 | 百 | 十 | 万 | 千 | 百 | 十 | 元 | 角 | 分 |
|---|---|---|---|---|---|---|---|---|---|---|---|---|---|---|
| 收到江城鑫源超市货款 | 1122 | 应收账款 | 江城鑫源超市 | | | | 3 | 7 | 6 | 0 | 0 | 0 | 0 | 0 |
| | | | | | | | | | | | | | | |
| | | | | | | | | | | | | | | |
| | | | | | | | | | | | | | | |
| | | | | | | | | | | | | | | |
| 合计 | | | | | | ¥ | 3 | 7 | 6 | 0 | 0 | 0 | 0 | 0 |

附单据 1 张

财务主管：张月荣　　　记账：王铭　　　出纳：程小灵　　　审核：张月荣　　　制单：程小灵

2.

# ××省增值税普通发票

发票联

发票代码：242011071753

发票号码：00985628

购方单位：江城食品有限公司　　　2014 年 4 月 15 日

| 品号及规格 | 货物或劳务名称 | 单位 | 数量 | 单价 | 金额 | | | | | | |
|---|---|---|---|---|---|---|---|---|---|---|
| | | | | | 千 | 百 | 十 | 元 | 角 | 分 |
| | 笔记本 | 本 | 50 | 14 | 7 | 0 | 0 | 0 | 0 | 0 |
| | 笔 | 支 | 50 | 5 | 2 | 5 | 0 | 0 | 0 | 0 |
| 计 | | | | | ¥ | 9 | 5 | 0 | 0 | 0 |

金额（大写）　　零仟玖佰伍拾零元零角零分　　　　　　（小写）¥950.00

备注：

开票单位盖章　　　复核人：　　　收款人：李四　　　开票人：张三

第二联　付款方报销凭证

---

## 中国建设银行
## 转账支票存根

MV56932856

附加信息 ＿＿＿＿＿＿＿＿＿＿＿＿＿＿

＿＿＿＿＿＿＿＿＿＿＿＿＿＿＿＿＿＿＿＿

出票日期 2014 年 4 月 15 日

| 收款人： | 江城华夏文具用品公司 |
|---|---|
| 金　额： | 950.00 元 |
| 用　途： | 购物 |

单位主管：张月荣　　　会计：王铭

---

# 付 款 凭 证

贷方科目：库存现金　1001　　　　2014 年 4 月 15 日　　　　付字第 16 号

| 摘 要 | 科目编码 | 借方总账科目 | 明细科目 | √ | 金 额 | | | | | | | | | |
|---|---|---|---|---|---|---|---|---|---|---|---|---|---|---|
| | | | | | 千 | 百 | 十 | 万 | 千 | 百 | 十 | 元 | 角 | 分 |
| 车间报销办公用品费 | 6602 | 管理费用 | 办公费 | | | | | | | 9 | 5 | 0 | 0 | 0 |
| | | | | | | | | | | | | | | |
| | | | | | | | | | | | | | | |
| | | | | | | | | | | | | | | |
| 合计 | | | | | | | | | | ¥ | 9 | 5 | 0 | 0 | 0 |

附单据 1 张

财务主管：张月荣　　　记账：王铭　　　出纳：程小灵　　　审核：张月荣　　　制单：程小灵

205

3.

# 借支单

2014 年 4 月 18 日 　　　　　　　　　　　　　　　　部门：销售部

| 借支人姓名 | 王卫国 | | 职　务 | 业务员 |
|---|---|---|---|---|
| 借支事由 | 外出开会借支差旅费 | | | |
| 人民币<br>（大写） | 陆仟伍佰元整 | | （小写）　¥6 500.00 | |
| 核<br>准 | 刘星 | 复<br>核 | 张月荣 | 出<br>纳 程小灵 |

中国建设银行
现金支票存根

GS23568556

附加信息

_____

_____

出票日期 2014 年 4 月 18 日

| 收款人：王卫国 |
|---|
| 金　额：6 500.00 元 |
| 用　途：差旅费 |

单位主管：张月荣　　会计：王铭

# 付　款　凭　证

贷方科目：银行存款　1002　　　　　2014 年 4 月 18 日　　　　　付字第 17 号

| 摘　要 | 科目编码 | 借方总账科目 | 明细科目 | √ | 金　额 | | | | | | | | | |
|---|---|---|---|---|---|---|---|---|---|---|---|---|---|---|
| | | | | | 千 | 百 | 十 | 万 | 千 | 百 | 十 | 元 | 角 | 分 |
| 职工王卫国预借差旅费 | 1231 | 其他应收款 | 王卫国 | | | | | | 6 | 5 | 0 | 0 | 0 | 0 |
| | | | | | | | | | | | | | | |
| | | | | | | | | | | | | | | |
| | | | | | | | | | | | | | | |
| | | | | | | | | | | | | | | |
| 合计 | | | | | | | | ¥ | 6 | 5 | 0 | 0 | 0 | 0 |

附单据 2 张

财务主管：张月荣　　记账：王铭　　出纳：程小灵　　审核：张月荣　　制单：程小灵

4.

# 产品销售成本计算表

2014 年 4 月 30 日                                             金额单位：元

| 产品名称 | 销售数量（箱） | 单位成本 | 总成本 |
|---|---|---|---|
| 葱油饼干 | 30 | 100 | 3 000 |
| 夹心饼干 | 30 | 190 | 5 700 |
| | | | |
| 合计 | | | 8 700 |

主管：张月荣                                            制表：王铭

# 转 账 凭 证

2014 年 4 月 30 日                            转字第 85 号

| 摘 要 | 总账科目 | 明细科目 | √ | 借方金额 千百十万千百十元角分 | √ | 贷方金额 千百十万千百十元角分 |
|---|---|---|---|---|---|---|
| 结转已销产品成本 | 主营业务成本 | | | 7 8 0 0 0 0 | | |
| | 库存商品 | | | | | 7 8 0 0 0 0 |
| | | | | | | |
| | | | | | | |
| | | | | | | |
| 合计 | | | | ￥7 8 0 0 0 0 | | ￥7 8 0 0 0 0 |

附单据 1 张

财务主管：张月荣    记账：王铭    出纳：程小灵    审核：张月荣    制单：王铭

# 应收账款总账   1

| 2014年 月 日 | 凭证编号 | 摘 要 | 对方科目编码 | 借方 千百十万千百十元角分 | 贷方 千百十万千百十元角分 | 借或贷 | 余 额 千百十万千百十元角分 |
|---|---|---|---|---|---|---|---|
| 4 1 | | 期初余额 | | | | 借 | 3 0 0 0 0 0 0 |
| 12 | 收10 | 收鑫源公司销货款 | | | 3 7 6 0 0 0 0 | | |
| | | | | | | | |

# 银行存款总账   3

| 2014年 月 日 | 凭证编号 | 摘 要 | 对方科目编码 | 借 方 千百十万千百十元角分 | 贷 方 千百十万千百十元角分 | 借或贷 | 余 额 千百十万千百十元角分 |
|---|---|---|---|---|---|---|---|
| 4 1 | | 期初余额 | | | | 借 | 3 2 2 5 5 0 0 0 |
| 1 | 付2 | 收华联超市前欠货款 | | 5 0 0 0 0 0 0 | | | |
| 3 | 付5 | 提现备用金 | | | 8 0 0 0 0 0 | | |
| 12 | 收10 | 收鑫源公司销货款 | | 3 7 6 0 0 0 0 | | | |
| 13 | 付10 | 银行代发工资 | | | 9 5 5 0 0 0 0 | | |
| 15 | 付16 | 车间报销办公用品 | | | 9 5 0 0 0 | | |
| 18 | 付17 | 王卫国借差旅费 | | | 5 6 0 0 0 0 | | |
| 20 | 付20 | 支付水电费 | | | 1 2 0 0 0 0 | | |
| | | | | | | | |

209

# 管理费用总账　　12

| 2014年 月 | 日 | 凭证编号 | 摘　要 | 对方科目编码 | 借方 千百十万千百十元角分 | 贷方 千百十万千百十元角分 | 借或贷 | 余额 千百十万千百十元角分 |
|---|---|---|---|---|---|---|---|---|
| 4 | 1 | | 承前页 | | | | | 1 2 5 3 0 0 0 0 0 |
| | 15 | 付16 | 车间报销办公用品 | | 9 5 0 0 0 0 | | | |
| | | | | | | | | |

# 其他应收款总账　　5

| 2014年 月 | 日 | 凭证编号 | 摘　要 | 对方科目编码 | 借方 千百十万千百十元角分 | 贷方 千百十万千百十元角分 | 借或贷 | 余额 千百十万千百十元角分 |
|---|---|---|---|---|---|---|---|---|
| 4 | 1 | | 期初余额 | | | | 借 | 1 0 0 0 0 0 0 |
| | 18 | 付17 | 王卫国借差旅费 | | 5 6 0 0 0 0 | | | |
| | | | | | | | | |

# 主营业务成本总账　　11

| 2014年 月 | 日 | 凭证编号 | 摘　要 | 对方科目编码 | 借方 千百十万千百十元角分 | 贷方 千百十万千百十元角分 | 借或贷 | 余额 千百十万千百十元角分 |
|---|---|---|---|---|---|---|---|---|
| 4 | 3 | | 承前页 | | | | | 1 2 5 9 0 0 0 0 |
| | 30 | 转85 | 结转商品销售成本 | | 7 8 0 0 0 0 | | | |
| | | | | | | | | |

# 库存商品总账　　11

| 2014年 月 | 日 | 凭证编号 | 摘　要 | 对方科目编码 | 借方 千百十万千百十元角分 | 贷方 千百十万千百十元角分 | 借或贷 | 余额 千百十万千百十元角分 |
|---|---|---|---|---|---|---|---|---|
| 4 | 20 | | 承前页 | | | | | 3 1 8 5 3 0 0 0 0 |
| | 30 | 转85 | 结转商品销售成本 | | | 7 8 0 0 0 0 | | |
| | | | | | | | | |

## 四、实训要求

根据所给资料更正错账。

## 实训十一　财务报表的编制

### 一、实训目的

通过实训，使学生掌握资产负债表和利润表的基本结构、编制要求和具体的编制方法。

### 二、实训指导

（一）资产负债表的编制方法

资产负债表是反映企业在某一定特定日期（如月末、季末、年末）财务状况的报表。其编制程序如下：

（1）填列表头项目。编制前，应填列编制单位名称及编报日期。

（2）填列"年初余额"栏内各项数字。根据上年末资产负债表"期末余额"栏内所列数字填列。

（3）填列"期末金额"栏内各项目。应根据由试算平衡后有关总分类账和明细分类账户余额填列。

①根据总分类账户余额直接填列。如"短期借款"、"应付职工薪酬"、"应交税费"等。其中"应付职工薪酬"、"应交税费"等账户为借方余额时，应用"-"号填列。

②根据总分类账户余额计算填列。如"货币资金"、"存货"、"未分配利润"等项目。

"货币资金"项目应根据"库存现金"、"银行存款"、"其他货币资金"等账户的期末借方余额之和计算填列。

"存货"项目根据"在途物资"（或"材料采购"）、"原材料"、"周转材料"、"库存商品"、"委托加工物资"、"委托代销商品"、"生产成本"等账户的期末借方余额合计填列，有存货跌价准备的企业应减去"存货跌价准备"贷方余额后的金额填列。如果企业对存货采用计划成本核算，应加上"材料成本差异"借方余额，或减去"材料成本差异"贷方余额后的金额填列。如果企业为商业零售企业，对商品采用售价金额核算，应按减去"商品进销差价"贷方余额后的金额填列。

"未分配利润"项目，应根据"本年利润"和"利润分配"账户余额分析填列，在1—11月中期报表中，应根据"本年利润"账户贷方余额（借方余额用"-"）加上"利润分配"贷方余额（借方余额用"-"）后的金额填列。

年末，编制终期财务报表时，应根据"利润分配"账户余额直接填列。

"未分配利润"项目计算后如为负数（或"利润分配"账户为借方余额），则表示企业亏损，在"未分配利润"栏以"-"号填列。

③根据有关明细账户余额计算填列。如"应收账款"项目根据应收账款和预收账款两个账户所属明细账户的期末借方余额计算填列，"应付账款"应根据应付账款和预付账款两个账户所属的期末贷方余额计算填列。

④根据有关总账账户余额和明细账户余额计算分析填列。如"长期待摊费用"项目，

根据"长期待摊费用"期末余额减去将于一年内摊销完的长期待摊费用后的金额分析填列。将于一年内摊销完的长期待摊费用，应在"一年内到期的非流动性资产"项目填列。

"长期借款"等项目，根据它们各自账户的期末余额减去将于一年内到期的长期借款的金额分析填列。将于一年内到期的长期借款，应在"一年内到期的非流动性负债"项目填列。

"固定资产"、"无形资产"等项目，根据它们各自有关账户的期末余额减去提取的折旧或摊销额后的金额填列，提取了减值准备的，应减去提取的准备等。

资产负债表编制完毕，在报表下部，制表人、审核人、财务主管应签章，并在表头编制单位处加盖单位公章。

（二）利润表的编制方法

利润表是反映企业在一定会计期间经营成果的报表。采用企业会计准则和小企业会计制度核算时利润表的格式稍有不同。

1. 采用企业会计准则时利润表的填列方法

（1）"本期金额"填列本年1月1日至本期期末的各对应项目累计数。

（2）"上期金额"填列企业上年1月1日至上年同期期末各对应项目的累计数。在编制中期报表时，填列上年同期实际发生数，在编制年度财务报表时，应填列上年全年累计实际发生额，并将年度利润表的"上期金额"栏改为"上年数"栏，如项目名称和内容不一致，应按本年度的规定调整。

（3）各项目的填列方法。

①根据各损益类总账账户的发生额分析填列的项目。利润表中各收入、费用类项目大多是根据各损益类总账账户的发生额直接填列，如"营业税金及附加"、"销售费用"、"投资收益"、"营业外收入"、"营业外支出"、"所得税费用"等项目，分别根据其相应的损益类总账账户发生额分析填列。"投资收益"账户发生额如果为投资损失，"投资收益"项目应以"-"号填列。

②根据表内相关项目计算填列的项目。

$$\text{营业利润} = \text{营业收入} - \text{营业成本} - \text{营业税金及附加} - \text{管理费用} - \text{财务费用} - \text{销售费用} \pm \text{投资收益（投资损失用"-"）}$$

利润总额 = 营业利润+营业外收入-营业外支出

净利润=利润总额-所得税费用

2. 采用小企业会计制度时利润表的填列方法

（1）"本月数"栏反映各项目的本月实际发生数，应根据各有关损益类账户的本月发生额分析计算填列。

（2）"本年累计数"栏各项目，反映自年初起至本月止累计实际发生额，应根据上月利润表中"本年累计数"加本月利润表中"本月数"填列。

其他内容与上述利润表的填列方式相同（小企业报表格式见综合模拟实训资料）。

## 三、实训资料

实训一、实训四、实训五、实训七、实训八、实训九等的资料。

## 四、实训要求

（1）根据所给资料编制利润表。

（2）根据所给资料编制资产负债表。

## 五、实训用具

资产负债表、利润表各 1 张。

报表样式：

# 资产负债表

会企 01 表

编制单位：　　　　　　　　年　　月　　日　　　　　　　单位：

| 资产 | 期末余额 | 年初余额 | 负债和所有者权益（或股东权益） | 期末余额 | 年初余额 |
|---|---|---|---|---|---|
| 流动资产： | | （略） | 流动负债： | | （略） |
| 　货币资金 | | | 　短期借款 | | |
| 　交易性金融资产 | | | 　交易性金融负债 | | |
| 　应收票据 | | | 　应付票据 | | |
| 　应收账款 | | | 　应付账款 | | |
| 　预付款项 | | | 　预收款项 | | |
| 　应收利息 | | | 　应付职工薪酬 | | |
| 　应收股利 | | | 　应交税费 | | |
| 　其他应收款 | | | 　应付利息 | | |
| 　存货 | | | 　应付股利 | | |
| 　一年内到期的非流动资产 | | | 　其他应付款 | | |
| 　其他流动资产 | | | 　一年内到期的非流动负债 | | |
| 　　流动资产合计 | | | 　其他流动负债 | | |
| 非流动资产： | | | 　　流动负债合计 | | |
| 　可供出售金融资产 | | | 非流动负债： | | |
| 　持有至到期投资 | | | 　长期借款 | | |
| 　长期应收款 | | | 　应付债券 | | |
| 　长期股权投资 | | | 　长期应付款 | | |
| 　投资性房地产 | | | 　专项应付款 | | |
| 　固定资产 | | | 　预计负债 | | |
| 　在建工程 | | | 　递延所得税负债 | | |
| 　工程物资 | | | 　其他非流动负债 | | |
| 　固定资产清理 | | | 　　非流动负债合计 | | |
| 　生产性生物资产 | | | 　　负债合计 | | |
| 　油气资产 | | | 所有者权益（或股东权益）： | | |
| 　无形资产 | | | 　实收资本（或股本） | | |
| 　开发支出 | | | 　资本公积 | | |
| 　商誉 | | | 　减：库存股 | | |
| 　长期待摊费用 | | | 　盈余公积 | | |
| 　递延所得税资产 | | | 　未分配利润 | | |
| 　其他非流动资产 | | | 　　所有者权益（或股东权益）合计 | | |
| 　　非流动资产合计 | | | | | |
| 　　资产总计 | | | 　负债和所有者权益（或股东权益）总计 | | |

财务主管：　　　　　　　　审核人：　　　　　　　　制表人：

215

# 利润表

编制单位：　　　　　　　　　年　月　　　　　　　　　　单位：

| 项　　目 | 本期金额 | 上期金额 |
|---|---|---|
| 一、营业收入 | | |
| 　　减：营业成本 | | |
| 　　　　营业税金及附加 | | |
| 　　　　销售费用 | | |
| 　　　　管理费用 | | |
| 　　　　财务费用 | | |
| 　　　　资产减值损失 | | |
| 　　加：公允价值变动收益（损失以"-"号填列） | | |
| 　　　　投资收益（损失以"-"号填列） | | |
| 　　　　其中：对联营企业和合营企业的投资收益 | | |
| 二、营业利润（亏损以"-"号填列） | | |
| 　　加：营业外收入 | | |
| 　　减：营业外支出 | | |
| 　　　　其中：非流动资产处置损失 | | |
| 三、利润总额（亏损总额以"-"号填列） | | |
| 　　减：所得税费用 | | |
| 四、净利润（净亏损以"-"号填列） | | |
| 五、每股收益 | | |
| 　　（一）基本每股收益 | | |
| 　　（二）稀释每股收益 | | |

财务主管：　　　　　　　　审核人：　　　　　　　　　制表人：

# 模块六　　会计资料的保管

## 实训十二　会计资料的保管和实训报告的撰写

### 一、实训目的

通过本实训，使学生掌握会计凭证、会计账簿、会计报表装订的基本方法，了解撰写实训报告的基本内容。

### 二、实训指导

实际中，会计部门在记账后，应定期（每日、每旬、每月）对各种会计资料进行整理，将整理后的会计资料作为会计档案归档保管，会计资料包括会计凭证、账簿、报表和其他会计资料。

（一）会计资料的装订与保管

1. 记账凭证的整理与装订

（1）记账凭证装订前的整理工作。

会计凭证登记完毕后，应将记账凭证连同所附的原始凭证或者原始凭证汇总表，按照编号顺序折叠整齐，准备装订。会计凭证在装订之前，必须进行适当的整理，以便于装订。

会计实务中收到的原始凭证纸张往往大小不一，因此，需要按照记账凭证的大小进行折叠或粘贴。对过宽过长的原始凭证，应进行纵向和横向的折叠，使折叠后的附件尺寸与记账凭证大小一致，折叠时可按记账凭证的尺寸，将原始凭证的上边、左边与记账凭证对齐，然后将多出部分先自右向后，再自下向后两次折叠，折叠时注意应将凭证的左上角或左侧面让出来，以便凭证装订后还可以展开阅读。

对过窄过短的原始凭证，不能直接装订时，应进行适当的分类后再粘贴于特制的原始凭证粘贴单上（如果没有原始凭证粘贴单也可以以白纸代替）。原始凭证粘贴单大小应与记账凭证相同，将不能直接装订的原始凭证，如汽车票、地铁票、火车票、出租车票、餐票等按类别分别粘贴于原始凭证粘贴单内，粘贴时应横向进行，从右至左，并应将原始凭证的左边粘到粘贴单上，逐张左移，后一张右边压住前一张的左边，粘好后捏住记账凭证的左上角向下抖几下，看是否有未粘住或未粘牢的，最后还要在粘贴单的空白处分别写出每一类原始凭证的张数与总金额。

如果一项经济业务涉及的原始凭证不仅面积过大，而且数量多，不便于与记账凭证装订在一起，也可以与记账凭证分开，单独装订，如工资单、发料单等，但应在记账凭证上注明原始凭证的单独存放地点。

对于纸张面积与记账凭证基本相同的原始凭证，则可以用回形针或大头针别在记账凭证后面，待装订凭证时，抽去回形针或大头针，或在填制凭证时直接将原始凭证粘在记账凭证后面。

原始凭证附在记账凭证后的顺序应与记账凭证所记载的内容顺序一致，不应按原始凭证的面积大小来排序。经过整理后的会计凭证，就为汇总装订打好了基础。

（2）记账凭证的装订。

装订就是将一扎一扎的会计凭证装订成册，从而方便保管和利用。装订之前，要根据会计凭证的类别和数量确定需要装订的册数，一般每册的薄厚应基本保持一致，不能把几张应属一份记账凭证附件的原始凭证拆开装订在两册之中，要做到既美观大方又便于翻阅。一本凭证的厚度一般以 2 至 3 厘米为宜。以月份为单位，分收款凭证、付款凭证、转账凭证或通用记账凭证，装订成若干册。

装订前应先准备好装订机、针、棉线、铁夹、牛皮纸等材料，步骤如下：

①把凭证叠整齐，正面和背面分别放一张牛皮纸和包角纸，然后用铁夹将已理齐的凭证左、右上角各夹起来，接着在左上角钻二三个小洞。

②用一根粗棉线穿上针（回形针也可），穿入打好的洞用粗线将凭证装订起来，记住捆凭证的线头最好留在凭证的后面。

③将已订好的凭证包角涂上胶水，包住线头，待胶水干后，加具有固定格式封面和封底。

④在凭证的侧面写上"某年某月第几册共几册"字样，填写封面封底，在封面上应写明单位名称、年度、月份、记账凭证的种类、起讫日期、起讫号码、记账凭证和原始凭证的张数，装订人和会计主管应在封签处签名和盖章。

2. 账簿的装订和保管

各种会计账簿年度结账后，除跨年使用的账簿外，其他账簿应按时整理立卷。基本要求是：

（1）应将活页账簿装订成册。

保留已使用过的账页，将账页数填写齐全，去除空白页和撤掉账夹，用质好的牛皮纸做封面、封底，装订成册。在装订成册时要编好科目目录、页码。应将同类业务、同类账页装订在一起，多栏式活页账、三栏式活页账、数量金额式活页账等不得混装。

（2）将订本式账簿分别编制卷号，方便保管。

库存现金、银行存款日记账全年按顺序编制卷号，总账、各类明细账、辅助账全年按顺序编制卷号。

（3）采用适当方法，保证电算化会计资料的安全。

实行电算化的企业，要将账簿信息打印到纸介质上，同时将磁盘资料进行拷贝，单独存放，使会计数据的保存更加安全可靠。

3. 财务报表的装订和保管

财务报表应按月加具报表封面装订成册，封面上应填写单位名称、报表所属时期，装订人和会计主管应签名和盖章。

（二）实训报告要点

实训报告应包括以下要点：其一，实训过程简介；其二，实训过程中遇到的问题及解决办法；其三，实训心得体会或感受；其四，其他方面。

三、实训资料

实训四中的资料。

#### 四、实训要求

（1）根据实训四编制的记账凭证及所附原始凭证装订记账凭证。

（2）根据会计实训过程撰写实训报告。

#### 五、实训用具

财务装订机、棉线、针、胶水、铁夹、记账凭证封面 1 张。

| 第三篇 | 综合模拟实训 |
|---|---|

## 一、实训目的

通过本实训，使学生全面系统掌握会计核算的基本程序和方法。

## 二、企业基本情况

（一）企业基本情况说明

企业名称：江城市扬子服装有限公司

地址：江城市中山路 6 号　　　　电话：027-83847655

纳税人识别号：420106654796788

经营范围：生产并销售男式西服、童装等系列产品

所需材料：羊毛精纺布料、西服里料、印花布料、混纺绒布、1 号扣子、2 号扣子等

开户行：中国工商银行民主路支行　　　账号：200575868

法人代表（厂长）：吴仪　　财务主管：张月　　会计：刘成　　出纳兼办税员：张小梅

销售部开票：李佳　　仓库保管员：黄先荣

（二）企业财务制度有关规定和说明

（1）原材料日常采用实际成本法核算，设置"在途物资"账户，材料购入时发生的运费按运输费的 11% 抵扣增值税进项税额，材料采购费用按采购材料金额比例分配，材料仓库对收入的材料逐笔进行数量明细核算，财务部门进行数量、金额核算，发出材料的实际成本于月终根据"领料单"汇总编制"原材料发出汇总表"，采用加权平均法一次结转。

（2）"生产成本"按产品品种设明细账，每个明细账按直接材料、直接人工、制造费用（车间电费计入制造费用）等成本项目设置，同时设"制造费用"科目核算间接费用，在月终按产品数量比例分配。

（3）库存商品收发核算按实际成本计价，本月入库产品根据"产品成本计算单"结转，本月发出产品的实际成本按先进先出法计算，于月终根据"产品销售成本计算表"一次结转。

（4）会计核算。

①适用的会计核算制度：小企业会计制度。

②企业记账凭证采用通用格式的记账凭证，凭证编号按月顺序编号。

③企业账务处理程序采用记账凭证账务处理程序，根据编制的记账凭证逐笔登记总账、日记账、明细账。

（5）纳税及其他费用。

该企业为增值税一般纳税人，销售时可使用增值税专用发票和增值税普通发票，增值税率 17%，城建税按流转税额的 7% 计算缴纳，教育费附加按流转税额的 3% 计算缴纳，

个人所得税按税法规定计算，所有税款在每月月末计算，下月缴纳。

（6）其他。

①该企业借支差旅费和报销必须有厂长签字、财务主管复核，该企业出差的火车票、汽车票实报实销，住宿费每天报销标准150元，伙食费每天补助30元，交通费每天补助20元。

②计算时要求精确到小数点后两位。

## 三、实训资料

江城市扬子服装有限公司 2013 年 11 月 30 日，有关账户余额和 2013 年 11 月利润表资料如下：

## 总分类账户和明细分类账户期初余额表

2013 年 11 月 30 日 单位：元

| 科目编码 | 账户名称 | 期初余额 | | | |
|---|---|---|---|---|---|
| | | 借 方 | | 贷 方 | |
| | | 总 账 | 明细账 | 总 账 | 明细账 |
| 1001 | 库存现金 | 9 750 | 9 750 | | |
| 1002 | 银行存款 | 481 000 | | | |
| 100201 | ——中国工商银行 | | 357 600 | | |
| 100202 | ——中国农业银行 | | 123 400 | | |
| 1122 | 应收账款 | 230 000 | | | |
| 112201 | ——黄河百货商场 | | 230 000 | | |
| 1221 | 其他应收款 | 2 000 | | | |
| 122101 | ——王丽 | | 2 000 | | |
| 1402 | 在途物资 | | | | |
| 1403 | 原材料 | 505 900 | | | |
| 140301 | ——羊毛精纺布料 | | 400 000 | | |
| 140302 | ——西服里料 | | 36 000 | | |
| 140303 | ——印花布料 | | 22 000 | | |
| 140304 | ——混纺绒布 | | 10 400 | | |
| 140305 | 1 号扣子 | | 24 000 | | |
| 140306 | 2 号扣子 | | 13 500 | | |
| 1405 | 库存商品 | 575 060 | | | |
| 140501 | ——男式西服 | | 500 160 | | |
| 140502 | ——童装 | | 74 900 | | |
| 1601 | 固定资产 | 600 000 | 600 000 | | |
| 1602 | 累计折旧 | | | 59 260 | 59 260 |
| 2001 | 短期借款 | | | 300 000 | 300 000 |
| 2201 | 应付票据 | | | 120 000 | |
| 220101 | ——江海布料厂 | | | | 120 000 |
| 2202 | 应付账款 | | | 100 000 | |
| 220201 | ——江城服装辅料厂 | | | | 100 000 |
| 2211 | 应付职工薪酬 | | | | |

| 科目编码 | 账户名称 | 期初余额 | | | |
|---|---|---|---|---|---|
| | | 借 方 | | 贷 方 | |
| | | 总　账 | 明细账 | 总　账 | 明细账 |
| 2221 | 应交税费 | | | | |
| 222101 | ——应交增值税 | | | | |
| 22210101 | ——应交增值税——进项税额 | | | | |
| 22210102 | ——应交增值税——转出未交税金 | | | | |
| 22210103 | ——应交增值税——销项税额 | | | | |
| 222102 | ——未交增值税 | | | | |
| 222103 | ——应交城建税 | | | | |
| 222104 | ——应交教育费附加 | | | | |
| 222105 | ——应交个人所得税 | | | | |
| 2241 | 其他应付款 | | | 3 600（预提利息） | 3 600 |
| 3001 | 实收资本 | | | 1 300 000 | 1 300 000 |
| 3101 | 盈余公积 | | | 188 200 | 188 200 |
| 3103 | 本年利润 | | | 276 400 | 276 400 |
| 3104 | 利润分配 | | | 85 400 | |
| 310401 | ——提取盈余公积 | | | | |
| 310402 | ——分给投资者利润 | | | | |
| 310403 | ——未分配利润 | | | | 85 400 |
| 4001 | 生产成本 | 29 150 | | | |
| 400101 | ——男式西服 | | 24 450 | | |
| 400102 | ——童装 | | 4 700 | | |
| 4101 | 制造费用 | | | | |
| 5001 | 主营业务收入 | | | | |
| 5051 | 其他业务收入 | | | | |
| 5401 | 主营业务成本 | | | | |
| 5402 | 其他业务成本 | | | | |
| 5601 | 销售费用 | | | | |
| 5602 | 管理费用 | | | | |
| 5603 | 财务费用 | | | | |
| 5711 | 营业外支出 | | | | |
| | 合计 | 2 432 860 | 2 432 860 | 2 432 860 | 2 432 860 |

# 利 润 表

会小企 02 表

编制单位：江城市扬子服装有限公司　　　　2013 年 11 月　　　　单位：元

| 项　目 | 行次 | 本年累计金额 | 本月金额 |
|---|---|---|---|
| 一、营业收入 | 1 | 410 000 | 11 782 000 |
| 减：营业成本 | 2 | 233 400 | 9 045 600 |
| 营业税金及附加 | 3 | 3 000 | 44 700 |
| 其中：消费税 | 4 | | |
| 营业税 | 5 | | |
| 城市维护建设税 | 6 | | |
| 资源税 | 7 | | |
| 土地增值税 | 8 | | |
| 城镇土地使用税、房产税、车船税、印花税 | 9 | | |
| 教育费附加、矿产资源补偿费、排污费 | 10 | | |
| 销售费用 | 11 | 34 500 | 418 000 |
| 其中：商品维修费 | 12 | | |
| 广告费和业务宣传费 | 13 | | |
| 管理费用 | 14 | 38 000 | 456 300 |
| 其中：开办费 | 15 | | |
| 业务招待费 | 16 | | |
| 研究费用 | 17 | | |
| 财务费用 | 18 | 8 000 | 95 000 |
| 其中：利息费用（收入以"-"号填列） | 19 | | |
| 加：投资收益（损失以"-"号填列） | 20 | 5 000 | 33 000 |
| 二、营业利润（亏损以"-"号填列） | 21 | 93 300 | 1 778 400 |
| 加：营业外收入 | 22 | 3 000 | 20 000 |
| 其中：政府补助 | 23 | | |
| 减：营业外支出 | 24 | 500 | 5 000 |
| 其中：坏账损失 | 25 | | |
| 无法收回的长期债券投资损失 | 26 | | |
| 无法收回的长期股权投资损失 | 27 | | |
| 自然灾害等不可抗力因素造成的损失 | 28 | | |
| 税收滞纳金 | 29 | | |
| 三、利润总额（亏损总额以"-"号填列） | 30 | 100 800 | 1 826 400 |
| 减：所得税费用 | 31 | | 1 550 000 |
| 四、净利润（净亏损以"-"号填列） | 32 | 100 800 | 276 400 |

## "原材料"明细账期初余额

2013 年 12 月 1 日　　　　金额单位：元

| 材料名称 | 计量单位 | 单价 | 数量 | 金额 |
|---|---|---|---|---|
| 羊毛精纺布料 | 米 | 100 | 4 000 | 400 000 |
| 西服里料 | 米 | 12 | 3 000 | 36 000 |
| 印花布料 | 米 | 44 | 500 | 22 000 |
| 混纺绒布 | 米 | 26 | 400 | 10 400 |
| 1 号扣子 | 只 | 2 | 12 000 | 24 000 |
| 2 号扣子 | 只 | 1.5 | 9 000 | 13 500 |
| 合计 | | | | 505 900 |

# "库存商品"明细账期初余额

2013 年 12 月 1 日                                            金额单位：元

| 商品名称 | 计量单位 | 单位成本 | 数量 | 金额 |
|---|---|---|---|---|
| 男式西服 | 套 | 312.60 | 1 600 | 500 160 |
| 童装 | 套 | 107.00 | 700 | 74 900 |
| 合计 | | | | 575 060 |

# "生产成本"明细账期初余额

2013 年 12 月 1 日                                            金额单位：元

| 成本项目 产品名称 | 产品数量（套） | 直接材料 | 直接人工 | 制造费用 | 合计 |
|---|---|---|---|---|---|
| 男式西服 | 100 | 23 000 | 750 | 700 | 24 450 |
| 童装 | 50 | 2 850 | 1 000 | 850 | 4 700 |
| 合计 | | 25 850 | 1 750 | 1 550 | 29 150 |

注：实训时，为简化核算手续，除初始建账时所设明细账外，其余涉及科目均只设总账科目，不设明细科目。

2013 年 12 月发生如下经济业务：

1.

中国工商银行
现金支票存根
GS45806658

附加信息 _____

_____

出票日期 *2013* 年 *12* 月 *3* 日

| 收款人： | 江城市扬子服装有限公司 |
|---|---|
| 金　额： | *4 000.00 元* |
| 用　途： | 备用金 |

单位主管：张月荣　　会计：刘成

2.

发票联

开票日期：2013 年 12 月 1 日

| 购买方 | 名　　　称：江城市扬子服装有限公司<br>纳税人识别号：420106654796788<br>地址、电话：江城市中山路 6 号　027-83847655<br>开户行及账号：工商银行民主路支行　200575868 | | | | | 密码区 | 略 | | 第三联：发票联　购买方记账凭证 |
|---|---|---|---|---|---|---|---|---|---|

| 货物或应税劳务、服务名称 | 规格型号 | 单位 | 数量 | 单价 | 金额 | 税率 | 税额 |
|---|---|---|---|---|---|---|---|
| 混纺绒布 | | 米 | 3 000 | 25.00 | 75 000.00 | 17% | 12 750.00 |
| 印花布 | | 米 | 2 000 | 45.00 | 90 000.00 | 17% | 15 300.00 |
| 合计 | | | | | 165 000.00 | | 28 050.00 |

| 价税合计（大写） | 壹拾玖万叁仟零伍拾元整 | （小写）￥193 050.00 |
|---|---|---|

| 销售方 | 名　　　称：江海布料厂<br>纳税人识别号：207584699975978<br>地址、电话：江海市淮海路 10 号　02088657586<br>开户行及账号：建行淮海路支行　200679869 | 备注 |
|---|---|---|

收款人：李正　　　　复核：　　　　开票人：王芹

---

××增值税专用发票　　　　No 00359827

抵扣联

开票日期：2013 年 12 月 1 日

| 购买方 | 名　　　称：江城市扬子服装有限公司<br>纳税人识别号：420106654796788<br>地址、电话：江城市中山路 6 号　027-83847655<br>开户行及账号：工商银行民主路支行　200575868 | | | | | 密码区 | 略 | | 第二联：抵扣联　购买方扣税凭证 |
|---|---|---|---|---|---|---|---|---|---|

| 货物或应税劳务、服务名称 | 规格型号 | 单位 | 数量 | 单价 | 金额 | 税率 | 税额 |
|---|---|---|---|---|---|---|---|
| 混纺绒布 | | 米 | 3 000 | 25.00 | 75 000.00 | 17% | 12 750.00 |
| 印花布 | | 米 | 2 000 | 45.00 | 90 000.00 | 17% | 15 300.00 |
| 合计 | | | | | 165 000.00 | | 28 050.00 |

| 价税合计（大写） | 壹拾玖万叁仟零伍拾元整 | （小写）￥193 050.00 |
|---|---|---|

| 销售方 | 名　　　称：江海布料厂<br>纳税人识别号：207584699975978<br>地址、电话：江海市淮海路 10 号　02088657586<br>开户行及账号：建行淮海路支行　200679869 | 备注 |
|---|---|---|

收款人：李正　　　　复核：　　　　开票人：王芹

# 货物运输业增值税专用发票

发票联

No. 87654321

31234567891

开票日期：2013 年 12 月 1 日

| 承运人及纳税人识别号 | 江海市前进货运公司<br>433418569366786 | 密码区 | 略 |
|---|---|---|---|
| 实际受票方式及纳税人识别号 | | | |

| 收货人及纳税人识别号 | 江城市扬子服装有限公司<br>420106654796788 | 发货人及纳税人识别号 | 江海布料厂<br>207584699975978 |
|---|---|---|---|

| 起运地、经由、到运地 | 江海—江城 |
|---|---|

| 费用项目及金额 | 运费 1 000.00 | 运输货物信息 | |
|---|---|---|---|

| 合计金额 | ￥1 000.00 | 税率 | 11% | 税额 | ￥110.00 | 机器编号 | |
|---|---|---|---|---|---|---|---|
| 费税合计 | 大写：壹仟壹佰壹拾元整 （小写：1 110.00 元） | | | | | | |
| 车种车号 | | 车船吨位 | | 备注 | | | |
| 主管税务机关及代码 | | | | | | | |

收款人： 复核人： 开票人：雷萍 承运人（章）：

第三联： 发票联 受票人记账凭证

---

# 托收承付结算凭证（付款通知）　5

托收日期　2013 年 12 月 1 日　　托收号码：386521

| 付款人 | 全　称 | 江城市扬子服装有限公司 | 收款人 | 全　称 | 江海布料厂 |
|---|---|---|---|---|---|
| | 账　号 | 200575868 | | 账　号 | 200679869 |
| | 开户银行 | 工商银行民主路支行 | | 开户银行 | 建行淮海路支行　行号 |

| 委托金额 | 人民币 | 壹拾玖万肆仟壹佰陆拾元整 | 千 | 百 | 十 | 万 | 千 | 百 | 十 | 元 | 角 | 分 |
|---|---|---|---|---|---|---|---|---|---|---|---|---|
| | | | | ￥ | 1 | 9 | 4 | 1 | 6 | 0 | 0 | 0 |

| 附件 | | 商品发运情况 | 合同名称、号码 |
|---|---|---|---|
| 附寄单证张数或册数 | 2份 | 已发运 | |
| 备注： | | | 付款人开户银行盖章 |

款项收账日期
2013 年 12 月 05 日

年　月　日

单位主管： 会计：李婷 记账：

此联是付款人开户银行给付款人的付款通知

235

3.

中国人民银行支付系统专用凭证　　　№ 872356

| 报文种类： | 交易种类：HAPS | 业务种类：普通汇兑 |

发起行行号：**202550**　　　　　　支付交易序号：**56789**

付款人账号：**200179685**　　　　　委托日期：**2013 年 12 月 6 日**

付款人名称：**黄河百货商场**

接受人行号：**103062**　　　　　　收报日期：**2013 年 12 月 6 日**

收款人账号：**200575868**

收款人名称：**江城市扬子服装有限公司**

货币名称、金额（大写）：**人民币　贰拾叁万元整**

货币名称、金额（小写）：**RMB 230 000. 00**

附言：**货款**

会计分录

流水号：　　　　　　　　　　　　　打印时间：2013. 12. 6

第二联：作客户通知单　　　会计：　　　复核：　　　　　　记账：

*中国工商银行民主路支行 2013.12.6 转账 转讫*

---

4.

## ××增值税专用发票　　　№ 00214523

发票联

开票日期：2013 年 12 月 7 日

| 购买方 | 名　　　称：江城市扬子服装有限公司<br>纳税人识别号：420106654796788<br>地址、电话：江城市中山路 6 号　027-83847655<br>开户行及账号：工商银行民主路支行　200575868 | 密码区 | 略 |

| 货物或应税劳务、服务名称 | 规格型号 | 单位 | 数量 | 单价 | 金额 | 税率 | 税额 |
|---|---|---|---|---|---|---|---|
| 电动缝纫机 | MH101 | 台 | 10 | 2 200.00 | 22 000.00 | 17% | 3 740.00 |
| 合计 | | | | | 22 000.00 | | 3 740.00 |

| 价税合计（大写）　　贰万伍仟柒佰肆拾元整　　　　（小写）￥25 740.00 |

| 销售方 | 名　　　称：江州缝纫设备厂<br>纳税人识别号：357689704316542<br>地址、电话：江州市解放路 3 号　0754-5785436<br>开户行及账号：建行解放行　200347646 | 注 |

收款人：万东　　　复核：　　　开票人：刘欢　　　销售方：

第三联：发票联　购买方记账凭证

237

## ××增值税专用发票

No 00214523

抵扣联

开票日期：2013 年 12 月 7 日

| 购买方 | 名　　称：江城市扬子服装有限公司 | | | | | 密码区 | | 略 | |
| | 纳税人识别号：420106654796788 | | | | | | | | |
| | 地址、电话：江城市中山路6号　027-83847655 | | | | | | | | |
| | 开户行及账号：工商银行民主路支行　200575868 | | | | | | | | |

| 货物或应税劳务、服务名称 | 规格型号 | 单位 | 数量 | 单价 | 金额 | 税率 | 税额 |
|---|---|---|---|---|---|---|---|
| 电动缝纫机 | MH101 | 台 | 10 | 2 200.00 | 22 000.00 | 17% | 3 740.00 |
| 合计 | | | | | 22 000.00 | | 3 740.00 |

| 价税合计（大写） | 贰万伍仟柒佰肆拾元整 | （小写）　¥25 740.00 |
|---|---|---|

| 销售方 | 名　　称：江州缝纫设备厂 | 备注 |
| | 纳税人识别号：357689704316542 | |
| | 地址、电话：江州市解放路3号　0754-5785436 | |
| | 开户行及账号：建行解放支行　200347646 | |

收款人：**万东**　　　复核：　　　开票人：**刘欢**　　　销售方：

第二联：抵扣联　购买方扣税凭证

---

## 货物运输业增值税专用发票

发票联

No. 87654321

开票日期：2013 年 12 月 7 日

31234567891

| 承运人及纳税人识别号 | *江州市红大货运公司*<br>*234145682567868* | | 密码区 | | 略 | |
|---|---|---|---|---|---|---|
| 实际受票方式及纳税人识别号 | | | | | | |
| 收货人及纳税人识别号 | *江城市扬子服装有限公司*<br>*420106654796788* | | 发货人及纳税人识别号 | *江州缝纫设备厂*<br>*357689704316542* | | |
| 起运地、经由、到运地 | *江州—江城* | | | | | |
| 费用项目及金额 | *运费 3 000.00* | | 运输货物信息 | | | |
| 合计金额 | ¥3 000.00 | 税率 | *11%* | 税额 | ¥330.00 | 机器编号 |
| 费税合计 | **大写：叁仟叁佰叁拾元整**（小写：3 330.00 元） | | | | | |
| 车种车号 | | 车船吨位 | | 备注 | | |
| 主管税务机关及代码 | | | | | | |

收款人：　　　复核人：　　　开票人：**李娟**　　　承运人（章）：

第三联：发票联　受票人记账凭证

239

# 中国工商银行 电汇凭单（回单）　1

委托日期　2013　年　12　月　7　日　　　　　　No 307526

| | | | | | | |
|---|---|---|---|---|---|---|
| 汇款人 | 全　　称 | 江城市扬子服装有限公司 | 收款人 | 全　　称 | 江州缝纫设备厂 | |
| | 账　　号 | 200575868 | | 账　　号 | 200347646 | |
| | 汇出地点 | ××省　江城　市/县 | | 汇出地点 | ××省　江州　市/县 | |
| | 汇出行名称 | 工商银行民主路支行 | | 汇入行名称 | 建行解放支行 | |

| 金额 | 贰万玖仟零柒拾元整 | 亿 | 千 | 百 | 十 | 万 | 千 | 百 | 十 | 元 | 角 | 分 |
|---|---|---|---|---|---|---|---|---|---|---|---|---|
| | | | | ￥ | 2 | 9 | 0 | 7 | 0 | 0 | 0 | 0 |

支付密码

附加信息及用途：货款

汇出行签章

复核　　　　　记账

（盖章：中国工商银行民主路支行　2013.12.07　转账）

此联是汇出行给汇款人的回单

## 固定资产验收单

设置编号：　　　　　　　　　　　　　　　　　入账时间：2013 年 12 月 8 日

| 领用单位 | | 科室名称 | | 分类号 | | |
|---|---|---|---|---|---|---|
| 设备名称 | 电动缝纫机 | | | 国　别 | | 中国 |
| 型　号 | MH101 | | 技术指标 | | | |
| 数　量 | 10 | 单　价 | 2 500 元 | 总　价 | | 25 000 |
| 厂　家 | 江州缝纫设备厂 | | | 使用方向 | | 车间生产 |
| 验收合格日期 | 2013 年 12 月 8 日 | | 出厂日期 | | 出厂号 | |
| 经营科目 | | 单据号 | | 备　注 | | |

科室主任：　　　　领用人：　　　　验收：李新　　　　经手人：黄大伟

5.

发票号码：00352355

购方单位：江城市扬子服装有限公司

开票日期：*2013* 年 *12* 月 *8* 日

| 品号及规格 | 货物或劳务名称 | 单位 | 数量 | 单价 | 金额 | | | | | | |
|---|---|---|---|---|---|---|---|---|---|---|---|
| | | | | | 千 | 百 | 十 | 元 | 角 | 分 |
| | 打印纸 | 箱 | 5 | 250 | 1 | 2 | 5 | 0 | 0 | 0 |
| | | | | | | | | | | |
| | | | | | | | | | | |
| | | | | | | | | | | |

金额（大写）壹 仟 贰 佰 伍 拾 零 元 零 角 零 分　　（小写）¥ *1 250.00*

备注：

开票单位盖章　　　复核人：　　　收款人：*田美*　　　开票人：*任小伟*

第二联　付款方报销凭证

## 办公用品领用表

*2013* 年 *12* 月 *13* 日　　　　　　　　金额单位：元

| | 管理部门 | | | 生产车间 | | | 销售部门 | | |
|---|---|---|---|---|---|---|---|---|---|
| | 数量 | 单价 | 金额 | 数量 | 单价 | 金额 | 数量 | 单价 | 金额 |
| 打印纸（箱） | 3 | 250 | 750 | 1 | 250 | 250 | 1 | 250 | 250 |
| | | | | | | | | | |
| | | | | | | | | | |
| | | | | | | | | | |
| | | | | | | | | | |
| 合计 | | | 750 | | | 250 | | | 250 |

审批：*杜梅*　　　制表：*王利红*

6.

## 中国工商银行
## 转账支票存根

RS00867466

附加信息 _____

_____

_____

出票日期 *2013* 年 *12* 月 *10* 日

| | |
|---|---|
| 收款人：*江城服装辅料厂* | |
| 金　额：*100 000.00* 元 | |
| 用　途：*付上月购货款* | |

单位主管：*张月*　　会计：*刘成*

7.

## ××增值税专用发票

<u>记账联</u>

No 03627886

开票日期：2013 年 12 月 10 日

| 购买方 | 名　　　称：黄河百货商场<br>纳税人识别号：447583459722088<br>地址、电话：黄河市黄兴路 20 号　0744-8765308<br>开户行及账号：工商银行黄兴支行　200179685 | | | | | | 密码区 | 略 |
|---|---|---|---|---|---|---|---|---|

| 货物或应税劳务、服务名称 | 规格型号 | 单位 | 数量 | 单价 | 金额 | 税率 | 税额 |
|---|---|---|---|---|---|---|---|
| 男式西服 | | 套 | 500 | 520.00 | 260 000.00 | 17% | 44 200.00 |
| 童装 | | 套 | 200 | 180.00 | 36 000.00 | 17% | 6 120.00 |
| 合计 | | | | | 296 000.00 | | 50 320.00 |

| 价税合计（大写） | 叁拾肆万陆仟叁佰贰拾元整 | （小写）¥ 346 320.00 |
|---|---|---|

| 销售方 | 名　　　称：江城市扬子服装有限公司<br>纳税人识别号：420106654796788<br>地址、电话：江城市中山路 6 号　027-83847655<br>开户行及账号：工商银行民主路支行　200575868 | 备注 |
|---|---|---|

第一联：记账联　销售方记账凭证

收款人：张小梅　　　复核：　　　开票人：李佳　　　销售方：

## 货物运输业增值税专用发票

<u>发票联</u>

No. 87653698

31234561541

开票日期：2013 年 12 月 10 日

| 承运人及<br>纳税人识别号 | 黄河市铁路公司<br>441234569876652 | | 密码区 | 略 |
|---|---|---|---|---|
| 实际受票方式<br>及纳税人识别号 | | | | |
| 收货人及<br>纳税人识别号 | 黄河百货商场<br>447583459722088 | 发货人及<br>纳税人识别号 | 江城市扬子服装有限公司<br>420106654796788 | |
| 起运地、经由、到运地 | 江城—黄河 | | | |
| 费用项目及金额 | 运费 680.00 | 运输货物信息 | | |

| 合计金额 | ¥ 680.00 | 税率 | 11% | 税额 | ¥ 74.80 | 机器编号 | |
|---|---|---|---|---|---|---|---|
| 费税合计 | 大写：柒佰伍拾肆元捌角整（小写：754.80 元） | | | | | | |
| 车种车号 | | 车船吨位 | | | 备注 | | |
| 主管税务<br>机关及代码 | | | | | | | |

第三联：发票联　受票人记账凭证

收款人：　　　复核人：　　　开票人：杜明　　　承运人（章）：

245

# 托收承付结算凭证（回单）　　1

托收日期　　2013 年 12 月 10 日　　　　　　　　托收号码：635878

| 付款人 | 全　　称 | 黄河百货商场 | | 收款人 | 全　　称 | 江城市扬子服装有限公司 | | | | | | | | | | | |
|---|---|---|---|---|---|---|---|---|---|---|---|---|---|---|---|---|
| | 账　　号 | 200179685 | | | 账　　号 | 200575868 | | | | | | | | | | | |
| | 开户银行 | 工商银行黄兴路支行 | | | 开户银行 | 工商银行民主路支行 | | 行号 | | | | | | | | | |

| 委托金额 | 人民币 | 叁拾肆万柒仟零柒拾肆元捌角整 | 千 | 百 | 十 | 万 | 千 | 百 | 十 | 元 | 角 | 分 |
|---|---|---|---|---|---|---|---|---|---|---|---|---|
| | | | | ¥ | 3 | 4 | 7 | 0 | 7 | 4 | 8 | 0 |

| 附件 | 商品发运情况 | 合同名称、号码 |
|---|---|---|
| 附寄单证<br>张数或册数　　2 份 | 已发运 | |

备注：

款项收妥日期<br>2013 年 12 月 10 日

付款人开户银行盖章<br>　　　　　　　　　年　月　日

单位主管：　　　　会计：　　　　复核：　　　　记账：

8.

# 差旅费报销单

2013 年 12 月 11 日　　　　　　　　　　　　单位：元

| 出差人：王丽 | | | | 事由：业务 | | | | | | | | |
|---|---|---|---|---|---|---|---|---|---|---|---|---|
| 起止时间地点 | | | | | 交通费 | | | 出差补贴 | | | | 其他 |
| 月 | 日 | 起点 | 月 | 日 | 终点 | 交通工具 | 单据张数 | 金额 | 项目 | 人数 | 天数 | 补贴标准 | 金额 | 住宿费 | |

| 月 | 日 | 起点 | 月 | 日 | 终点 | 交通工具 | 单据张数 | 金额 | 项目 | 人数 | 天数 | 补贴标准 | 金额 | 住宿费 |
|---|---|---|---|---|---|---|---|---|---|---|---|---|---|---|
| 12 | 3 | 江城 | 12 | 4 | 江州 | 火车 | 1 | 290 | 伙食补贴 | 1 | 8 | 30 | 240 | 900 |
| 12 | 9 | 江州 | 12 | 10 | 江城 | 火车 | 1 | 290 | 交通补贴 | 1 | 8 | 20 | 160 | |
| | | | | | | | | | | | | | | |
| | | | | | | | | | | | | | | |
| | | | | | | | | | | | | | | |

附单据 6 张

| 合计（大写）　壹仟捌佰捌拾元整　（小写）¥ 1 880.00 | 预支旅费：<br>2 000.00 | 退回金额：<br>120.00<br>补偿金额： |
|---|---|---|

财务主管：张月　　　　核准：吴仪　　　　报销人：王丽

247

# 收 据

2013 年 12 月 11 日                第　号

第三联　收据

| 今收到 王丽 | | |
|---|---|---|
| 人民币：（大写）壹佰贰拾元整 | （小写）￥120.00 | |
| 事由：出差结清借款 | 现金√ | |
| | 支票第　号 | |
| 收款单位 | 财务主管 张月 | 收款人 张小梅 |

（江城市扬子服装有限公司财务专用章）

9.

## ××省增值税普通发票

（全国统一发票监制 国家发票联）

发票号码：00353389

购方单位：江城市扬子服装有限公司       开票日期：2013 年 12 月 13 日

| 品号及规格 | 货物或劳务名称 | 单位 | 数量 | 单价 | 金额 | | | | | | |
|---|---|---|---|---|---|---|---|---|---|---|---|
| | | | | | 千 | 百 | 十 | 元 | 角 | 分 | |
| | 礼品 | 件 | 1 | 650 | ￥ | 6 | 5 | 0 | 0 | 0 | |
| | | | | | | | | | | | |
| | | | | | | | | | | | |
| 金额（大写）⊗仟陆佰伍拾零元零角零分 | | | | | | （小写）￥650.00 | | | | | |
| 备注： | | | | | | | | | | | |

（江城市华厦文化用品商店 发票专用 420106654556665）

开票单位盖章　复核人：　　收款人：王志伟　　开票人：李芳

第二联　付款方报销凭证

10.

## 中国工商银行
## 现金支票存根

GS45806659

附加信息

出票日期 2013 年 12 月 13 日

| | |
|---|---|
| 收款人：江城市扬子服装有限公司 | |
| 金　额：3 000.00 元 | |
| 用　途：备用金 | |

单位主管：张月　会计：刘成

249

11.

# 收料单

供应单位：江海布料厂　　　　　　2013 年 12 月 13 日　　　　　　发票号码：

材料类别：原材料　　　　　　　　　　　　　　　　　　　　材料仓库：

| 编号 | 名称 | 规格 | 单位 | 数量 | | 实际成本 | | | | | 第二联 记账联 |
|---|---|---|---|---|---|---|---|---|---|---|---|
| | | | | 应收 | 实收 | 买价 | | 运杂费 | 其他 | 合计 | |
| | | | | | | 单价 | 金额 | | | | |
| | 混纺绒布 | | 米 | 3 000 | 3 000 | 25 | 75 000 | 422.73 | | 75 422.73 | |
| | 印花布 | | 米 | 2 000 | 2000 | 45 | 90 000 | 507.27 | | 90 507.27 | |
| | | | | | | | | | | | |
| 合计 | | | | | | | | | | 165 930.00 | |

主管：张三　　　　采购员：王丽　　　　　　保管员：黄先荣

12.

# ××省增值税普通发票

记账联

发票号码：00199866

购方单位：郭艳　　　　　　　　　　　　开票日期：2013 年 12 月 15 日

| 品号及规格 | 货物或劳务名称 | 单位 | 数量 | 单价 | 金额 | | | | | | | 第三联 开票方记账原始凭证 |
|---|---|---|---|---|---|---|---|---|---|---|---|---|
| | | | | | 千 | 百 | 十 | 元 | 角 | 分 | |
| 男式西服 | | 套 | 10 | 608.40 | 6 | 0 | 8 | 4 | 0 | 0 | |
| 童装 | | 套 | 10 | 210.60 | 2 | 1 | 0 | 6 | 0 | 0 | |
| | | | | | | | | | | | |
| | | | | | | | | | | | |
| 合计 | | | | | 8 | 1 | 9 | 0 | 0 | 0 | |

金额（大写）　捌 仟 壹 佰 玖 拾 零 元 零 角 零 分　　　　（小写）¥8 190.00

备注：　420106654796788

开票单位盖章　复核人：　　　收款人：张小梅　　　开票人：李佳

# 出库单

收货单位：　　　　　　　　　2013 年 12 月 15 日　　　　　　金额单位：元

| 货号名称 | 规格 | 单位 | 数量 | 单价 | 金额 | 备注 | 第二联 财务 |
|---|---|---|---|---|---|---|---|
| 男式西服 | | 套 | 10 | | | | |
| 童装 | | 套 | 10 | | | | |
| | | | | | | | |
| | | | | | | | |

会计：　　　仓库主管：张三　　　保管：黄先荣　　　经手人：郭玲

# 银行现金缴款单

2013 年 12 月 15 日

| 收款单位 | 全称 | 江城市扬子服装有限公司 | 款项来源 | 销货款 |
| --- | --- | --- | --- | --- |
| | 账号 | 200575868 | 缴款部门 | |

| 人民币：（大写） | 捌仟壹佰玖拾元整 |
| --- | --- |

| | | | 十 | 万 | 千 | 百 | 十 | 元 | 角 | 分 |
| --- | --- | --- | --- | --- | --- | --- | --- | --- | --- | --- |
| | | | | 8 | 1 | 9 | 0 | 0 | 0 | 0 |

| 票面 | 张数 | 金额 | 票面 | 张数 | 金额 |
| --- | --- | --- | --- | --- | --- |
| 一百元 | 60 | 6 000 | 二元 | | |
| 五十元 | 2 | 100 | 一元 | | |
| 十元 | 190 | 1 900 | 角币 | | |
| 五元 | 38 | 190 | 分币 | | |

收款银行（盖章）中国工商银行长江支行 2013.12.15 转账

收款人：李利 复核：

第一联 回单

13.

---

## 中国工商银行
## 现金支票存根

RS00867467

附加信息 _____

_____

出票日期 2013 年 12 月 20 日

| 收款人：×× 省电信公司江城分公司 |
| --- |
| 金　额：750.00 |
| 用　途：车间电话费 |

单位主管：张月　　会计：刘成

---

# 中国电信江城分公司客户月费用账单

客户号码：027-83847655　　　　　　　　　　　　客户姓名：江城杨子服装有限公司

费用周期：2013.11.15–2013.12.14　　　　　　　　费用总计：750.00

| 收费项目 | 金额 | 收费项目 | 金额 |
| --- | --- | --- | --- |
| 市话月租 | 35.00 | | |
| 国内长途 | 255.00 | | |
| 市话费 | 460.00 | | |
| 合计 | 750.00 | | |

账户信息：

上月余额　　　　本月已交　　　　本月余额

积分奖励：

上月总积分　　　本月积分　　　本月已使用积分　　　本月总积分

中国电信江城分公司 420106676878333 发票专用章

14.

# 托收承付结算凭证（收账通知）　　4

托收日期　2013 年 12 月 10 日　　　　　　　托收号码：635878

| 付款人 | 全　称 | 黄河百货商场 | | 收款人 | 全　称 | 江城市扬子服装有限公司 | | | | | | | | | | | |
|---|---|---|---|---|---|---|---|---|---|---|---|---|---|---|---|---|
| | 账　号 | 200179685 | | | 账　号 | 200575868 | | | | | | | | | | | |
| | 开户银行 | 工商银行黄兴路支行 | | | 开户银行 | 工商银行民主路支行 | | 行号 | | | | | | | | | |

| 委托金额 | 人民币 | 叁拾肆万柒仟零柒拾肆元捌角整 | 千 | 百 | 十 | 万 | 千 | 百 | 十 | 元 | 角 | 分 |
|---|---|---|---|---|---|---|---|---|---|---|---|---|
| | | | | | ¥3 | 4 | 7 | 0 | 7 | 4 | 8 | 0 |

| 附件 | 商品发运情况 | 合同名称、号码 |
|---|---|---|
| 附寄单证张数或册数 | 2 份 | 已发运 | |
| 备注： | | 付款人开户银行盖章 |

款项收妥日期
2013 年 12 月 10 日　　　　　年　月　日

单位主管：　　　　会计：　　　　复核：　　　　记账：

*此联是收款人开户银行给收款人的收款通知单*

15.

# 江城市工商银行贷款利息单（支款通知）

2013 年 12 月 21 日

| 户名 | 江城市扬子服装有限公司 | | 账号 | | 200575868 | | |
|---|---|---|---|---|---|---|---|
| 计息起止时间 | 2013 年 10 月 1 日—2013 年 12 月 20 日 | | | | | | |
| 贷款种类 | 贷款账号 | 计息日贷款余额 | 计息积数 | 利率 | 计息金额# | | |
| | 335689 | 300 000 | 86956735 | 0.6%（月） | 5 400.00 | | |
| | 生产周转借款 | | | | | | |
| | 利息金额 | 十 | 万 | 仟 | 佰 | 十 | 元 角 分 |
| | 人民币（大写）伍仟肆佰元整 | | ¥5 4 0 0 0 0 | | | | |

转账日期
2013 年 12 月 21 日

*第二联　付款人记账*

16.

# 工资费用分配汇总表

2013 年 12 月 25 日　　　　　　　　　　　　　单位：元

| 车间部门 | | 应分配金额 |
|---|---|---|
| 车间生产人员工资 | 男式西服工人工资 | 13 250 |
| | 童装工人工资 | 11 500 |
| | 生产人员工资小计 | 24 750 |
| 车间管理人员 | | 5 200 |
| 企业管理人员 | | 8 000 |
| 销售机构人员 | | 3 200 |
| 合计 | | 41 150 |

255

17.

## ××增值税专用发票

No 06638654

发票联

开票日期：2013 年 12 月 26 日

| 购买方 | 名　　　称：江城市扬子服装有限公司<br>纳税人识别号：420106654796788<br>地址、电话：江城市扬子江路特 1 号　027-85851234<br>开户行及账号：工商银行民主路支行　200575868 | | | | | | 密码区 | 略 |
|---|---|---|---|---|---|---|---|---|

| 货物或应税劳务、服务名称 | 规格型号 | 单位 | 数量 | 单价 | 金额 | 税率 | 税额 |
|---|---|---|---|---|---|---|---|
| 电费 | | 度 | 24 100 | 1.00 | 24 100.00 | 17% | 4 097.00 |
| 合计 | | | | | 24 100.00 | | 4 097.00 |

| 价税合计（大写） | 贰万捌仟壹佰玖拾柒元整 | （小写）￥28 197.00 |
|---|---|---|

| 销售方 | 名　　　称：江城市供电局<br>纳税人识别号：420106698493626<br>地址、电话：江城市紫阳路 15 号　027-86865447<br>开户行及账号：农行紫阳分理处 199820658 | 备注 |
|---|---|---|

收款人：夏海霞　　　　复核：　　　　开票人：李松　　　　销售方：

第三联：发票联　购买方记账凭证

---

## ××增值税专用发票

No 06638654

抵扣联

开票日期：2013 年 12 月 26 日

| 购买方 | 名　　　称：江城市扬子服装有限公司<br>纳税人识别号：420106654796788<br>地址、电话：江城市扬子江路特 1 号 027-85851234<br>开户行及账号：工商银行民主路支行 200575868 | | | | | | 密码区 | 略 |
|---|---|---|---|---|---|---|---|---|

| 货物或应税劳务、服务名称 | 规格型号 | 单位 | 数量 | 单价 | 金额 | 税率 | 税额 |
|---|---|---|---|---|---|---|---|
| 电费 | | 度 | 24 100 | 1.00 | 24 100.00 | 17% | 4 097.00 |
| 合计 | | | | | 24 100.00 | | 4 097.00 |

| 价税合计（大写） | 贰万捌仟壹佰玖拾柒元整 | （小写）￥28 197.00 |
|---|---|---|

| 销售方 | 名　　　称：江城市供电局<br>纳税人识别号：420106698493626<br>地址、电话：江城市紫阳路 15 号 027-86865447<br>开户行及账号：农行紫阳分理处 199820658 | 备注 |
|---|---|---|

收款人：夏海霞　　　　复核：　　　　开票人：李松　　　　销售方：

第二联：抵扣联　购买方扣税凭证

257

## 中国工商银行
## 现金支票存根
RS00867468

附加信息 _____

_____

_____

出票日期 *2013* 年 *12* 月 *26* 日

| 收款人：江城市供电局 |
| --- |
| 金　额：*28 197.00* 元 |
| 用　途：电费 |

单位主管：　　　　　会计：

## 外购电费分配表
*2013* 年 *12* 月 *26* 日

| 使用部门 | 用电量（度） | 单价（元/度） | 金额（元） |
| --- | --- | --- | --- |
| 生产车间 | 21 750 | 1.00 | 21 750.00 |
| 管理部门 | 1 500 | 1.00 | 1 500.00 |
| 销售部门 | 850 | 1.00 | 850.00 |
|  |  |  |  |
| 合计 | 24 100 |  | 24 100.00 |

财务主管：张月　　　　　　　　制表：刘成

18. 根据本月"领料单"填制发料凭证汇总表。

## 领料单
*2013* 年 *12* 月 *1* 日

领用单位：一车间

用途：男式西服　　　　　　　　　　　发料仓库：

| 名称 | 规格 | 编号 | 计量单位 | 数量 | | 金额（元） | 用途 |
| --- | --- | --- | --- | --- | --- | --- | --- |
|  |  |  |  | 请领 | 实领 |  |  |
| 西服里料 |  |  | 米 | 230 | 230 |  |  |
|  |  |  |  |  |  |  |  |
|  |  |  |  |  |  |  |  |
|  |  |  |  |  |  |  |  |

领料负责人：黄馨　　　　领料人：张明　　　　供应负责人：张三　　　　保管员：黄先荣

第二联　记账联

259

# 领料单

领用单位：一车间　　　　　　　　2013 年 12 月 8 日

用途：童装　　　　　　　　　　　　　　　　　发料仓库：

| 名称 | 规格 | 编号 | 计量单位 | 数量 | | 金额（元） | 用途 |
|---|---|---|---|---|---|---|---|
| | | | | 请领 | 实领 | | |
| 印花布料 | | | 米 | 450 | 450 | | |
| 混纺绒布 | | | 米 | 225 | 225 | | |
| | | | | | | | |
| | | | | | | | |

领料负责人：黄馨　　　　领料人：张明　　　　供应负责人：张三　　　　保管员：黄先荣

第二联　记账联

# 领料单

领用单位：一车间　　　　　　　　2013 年 12 月 10 日

用途：男式西服　　　　　　　　　　　　　　发料仓库：

| 名称 | 规格 | 编号 | 计量单位 | 数量 | | 金额（元） | 用途 |
|---|---|---|---|---|---|---|---|
| | | | | 请领 | 实领 | | |
| 羊毛精纺布料 | | | 米 | 1 150 | 1 150 | | |
| 西服里料 | | | 米 | 1 150 | 1 150 | | |
| | | | | | | | |
| | | | | | | | |

领料负责人：黄馨　　　　领料人：张明　　　　供应负责人：张三　　　　保管员：黄先荣

第二联　记账联

# 领料单

领用单位：一车间　　　　　　　　2013 年 12 月 20 日

用途：男式西服、童装　　　　　　　　　　发料仓库：

| 名称 | 规格 | 编号 | 计量单位 | 数量 | | 金额（元） | 用途 1号扣子用于男式西服、2号扣子用于童装 |
|---|---|---|---|---|---|---|---|
| | | | | 请领 | 实领 | | |
| 1 号扣子 | | | 个 | 3 000 | 3 000 | | |
| 2 号扣子 | | | 个 | 2 000 | 2 000 | | |
| | | | | | | | |
| | | | | | | | |

领料负责人：黄馨　　　　领料人：张明　　　　供应负责人：张三　　　　保管员：黄先荣

第二联　记账联

261

# 发料凭证汇总表

2013 年 12 月 31 日                                    单位：元

| | 羊毛精纺布料 | 西服里料 | 印花布料 | 混纺绒布 | 1 号扣子 | 2 号扣子 | 合计 |
|---|---|---|---|---|---|---|---|
| 男式西服 | | | | | | | |
| 童装 | | | | | | | |
| | | | | | | | |
| | | | | | | | |
| 合计 | | | | | | | |

财务主管：                          制表：

经计算：该企业印花布料的加权平均单价为 45 元，混纺绒布的加权平均单价为 25.24 元。

19.

# 固定资产折旧计算表

2013 年 12 月 31 日                                    金额单位：元

| 科目 \ 项目 | | 月初应计提固定资产折旧的原值 | 月折旧费 | |
|---|---|---|---|---|
| | | | 月折旧率（%） | 折旧金额 |
| 制造费用 | 房屋及建筑物 | 180 000 | 0.4 | 720 |
| | 机器设备 | 205 700 | 0.8 | 1 645.60 |
| | 小计 | 385 700 | | 2 365.60 |
| 管理费用 | 运输工具 | 100 000 | 0.9 | 900 |
| | 电子设备 | 18 300 | 0.9 | 164.70 |
| | 小计 | 118 300 | | 1 064.70 |
| 销售费用 | 运输工具 | 96 000 | 0.9 | 864 |
| 合计 | | 600 000 | | 4 294.30 |

部门主管：李莉            复核：            制表：刘成

20.31 日，计算本月发生的制造费用，并结转制造费用。

# 制造费用分配表

车间：            2013 年 12 月 31 日            金额单位：元

| 分配对象 | 分配标准（按产品件数） | 分配率 | 分配金额 |
|---|---|---|---|
| | | | |
| | | | |
| | | | |
| 合计 | | | |

财务主管：                          制表：

264

21. 31 日，计算本月产品发生的生产费用并结转完工产品成本（本月产品全部完工）。

## 产品成本计算单

2013 年 12 月 31 日

生产品种：男式西服　　　　　　生产数量：600 套　　　　　　金额单位：元

| 项目 | 直接材料 | 直接人工 | 制造费用 | 合计 |
|---|---|---|---|---|
| 期初在产品 | 23 000 | 750 | 700 | 24 450 |
| 本月发生额 | | | | |
| 合计 | | | | |
| 完工产品成本 | | | | |
| 期末在产品成本 | | | | |
| 单位成本 | | | | |

财务主管：　　　　　　　　　　制表：

## 产品成本计算单

2013 年 12 月 31 日

生产品种：童装　　　　　　生产数量：500　　　　　　金额单位：元

| 项目 | 直接材料 | 直接人工 | 制造费用 | 合计 |
|---|---|---|---|---|
| 期初在产品 | 2 850 | 1 000 | 850 | 4 700 |
| 本月发生额 | | | | |
| 合计 | | | | |
| 完工产品成本 | | | | |
| 期末在产品成本 | | | | |
| 单位成本 | | | | |

财务主管：　　　　　　　　　　制表：

## 产品入库单

2013 年 12 月 31 日　　　　　　　　　　　第　　号

| 名称 | 单位 | 数量 | 单价 | 金额 | | | | | | | | | 备注 |
|---|---|---|---|---|---|---|---|---|---|---|---|---|---|
| | | | | 百 | 十 | 万 | 千 | 百 | 十 | 元 | 角 | 分 | |
| | | | | | | | | | | | | | |
| | | | | | | | | | | | | | |
| | | | | | | | | | | | | | |
| 合计 | | | | | | | | | | | | | |

第二联　记账

会计：　　　　　仓库主管：　　　　　保管：　　　　　经手人：

22.31 日，计算本月销售产品成本并结转本月销售产品成本。

## 产品销售成本计算表

2013 年 12 月 31 日                                            金额单位：元

| 产品名称 | 销售数量（套） | 单位成本 | 总成本 |
|---|---|---|---|
|  |  |  |  |
|  |  |  |  |
|  |  |  |  |
| 合计 |  |  |  |

财务主管：                          制表：

23.31 日，计算本月应交的增值税、城建税和教育费附加，将本月应交未交的增值税
转入"应交税费——未交增值税"账户。

## 应交增值税计算表

2013 年 12 月 31 日                                            单位：元

| 项目 | 金额 |
|---|---|
| 销项税额 |  |
| 进项税额 |  |
| 应交税额 |  |

主管会计：                审核：                      制表：

## 城建税及教育费附加计算表

2013 年 12 月 31 日                                            单位：元

| 计税依据 | 计税金额 | 城市维护建设税 | | 教育费附加 | |
|---|---|---|---|---|---|
|  |  | 税率 | 税额 | 征收率 | 税额 |
| 增值税 |  |  |  |  |  |
|  |  |  |  |  |  |
|  |  |  |  |  |  |
| 合计 |  |  |  |  |  |

主管会计：                审核：                      制表：

24. 31 日，计算并结转本月损益类账户。

# 损益类账户发生额

2013 年 12 月 31 日                                          单位：元

| 科目 | 发生额 | |
|---|---|---|
| | 借方 | 贷方 |
| 主营业务收入 | | |
| 主营业务成本 | | |
| 管理费用 | | |
| 营业费用 | | |
| 财务费用 | | |
| 营业外支出 | | |
| 其他业务收入 | | |
| 其他业务成本 | | |
| 主营业务税金及附加 | | |
| 合计 | | |

25. 结转本年利润。

## 四、实训要求

（1）根据上述资料建立账簿体系，登记总分类账、明细账、日记账的期初余额。

（2）根据原始凭证编制记账凭证，记账凭证编号采用通用记账凭证编号。

（3）根据编制的记账凭证采用记账凭证账务处理程序，逐笔登记总分类账、明细账和日记账。

（4）在会计期末，将总分类账和明细账、日记账进行核对，并按要求结账。

（5）编制试算平衡表。

（6）编制资产负债表和利润表。

## 五、实训用具

通用记账凭证若干，总分类账页 28 张，日记账页 2 张，数量金额式明细账页 8 张，多栏式明细账页 3 张（生产成本明细账页 2 张，应交税金——应交增值税明细账页 1 张），三栏金额式明细账页 4 张。

小企业资产负债表和利润表样式如下：

# 资产负债表

会小企 01 表

编制单位：　　　　　　　　　　年　月　日　　　　　　　　　　单位：元

| 资　　产 | 行次 | 期末余额 | 年初余额 | 负债和所有者权益 | 行次 | 期末余额 | 年初余额 |
|---|---|---|---|---|---|---|---|
| 流动资产： | | | | 流动负债： | | | |
| 货币资金 | 1 | | | 短期借款 | 31 | | |
| 短期投资 | 2 | | | 应付票据 | 32 | | |
| 应收票据 | 3 | | | 应付账款 | 33 | | |
| 应收账款 | 4 | | | 预收账款 | 34 | | |
| 预付账款 | 5 | | | 应付职工薪酬 | 35 | | |
| 应收股利 | 6 | | | 应交税费 | 36 | | |
| 应收利息 | 7 | | | 应付利息 | 37 | | |
| 其他应收款 | 8 | | | 应付利润 | 38 | | |
| 存货 | 9 | | | 其他应付款 | 39 | | |
| 其中：原材料 | 10 | | | 其他流动负债 | 40 | | |
| 在产品 | 11 | | | 流动负债合计 | 41 | | |
| 库存商品 | 12 | | | 非流动负债： | | | |
| 周转材料 | 13 | | | 长期借款 | 42 | | |
| 其他流动资产 | 14 | | | 长期应付款 | 43 | | |
| 流动资产合计 | 15 | | | 递延收益 | 44 | | |
| 非流动资产： | | | | 其他非流动负债 | 45 | | |
| 长期债券投资 | 16 | | | 非流动负债合计 | 46 | | |
| 长期股权投资 | 17 | | | 负债合计 | 47 | | |
| 固定资产原价 | 18 | | | | | | |
| 减：累计折旧 | 19 | | | | | | |
| 固定资产账面价值 | 20 | | | | | | |
| 在建工程 | 21 | | | | | | |
| 工程物资 | 22 | | | | | | |
| 固定资产清理 | 23 | | | | | | |
| 生产性生物资产 | 24 | | | 所有者权益（或股东权益） | | | |
| 无形资产 | 25 | | | 实收资本（或股本） | 48 | | |
| 开发支出 | 26 | | | 资本公积 | 49 | | |
| 长期待摊费用 | 27 | | | 盈余公积 | 50 | | |
| 其他非流动资产 | 28 | | | 未分配利润 | 51 | | |
| 非流动资产合计 | 29 | | | 所有者权益（或股东权益）合计 | 52 | | |
| 资产总计 | 30 | | | 负债和所有者权益（或股东权益）总计 | 53 | | |

# 利润表

编制单位：　　　　　　　　　年　月　　　　　　　　　　单位：元

| 项　　　目 | 行次 | 本年累计金额 | 本月金额 |
|---|---|---|---|
| 一、营业收入 | 1 | | |
| 　减：营业成本 | 2 | | |
| 　　　营业税金及附加 | 3 | | |
| 　　　其中：消费税 | 4 | | |
| 　　　　　　营业税 | 5 | | |
| 　　　　　　城市维护建设税 | 6 | | |
| 　　　　　　资源税 | 7 | | |
| 　　　　　　土地增值税 | 8 | | |
| 　　　　　　城镇土地使用税、房产税、车船税、印花税 | 9 | | |
| 　　　　　　教育费附加、矿产资源补偿费、排污费 | 10 | | |
| 　　　销售费用 | 11 | | |
| 　　　其中：商品维修费 | 12 | | |
| 　　　　　　广告费和业务宣传费 | 13 | | |
| 　　　管理费用 | 14 | | |
| 　　　其中：开办费 | 15 | | |
| 　　　　　　业务招待费 | 16 | | |
| 　　　　　　研究费用 | 17 | | |
| 　　　财务费用 | 18 | | |
| 　　　其中：利息费用（收入以"－"号填列） | 19 | | |
| 　加：投资收益（损失以"－"号填列） | 20 | | |
| 二、营业利润（亏损以"－"号填列） | 21 | | |
| 　加：营业外收入 | 22 | | |
| 　　　其中：政府补助 | 23 | | |
| 　减：营业外支出 | 24 | | |
| 　　　其中：坏账损失 | 25 | | |
| 　　　　　　无法收回的长期债券投资损失 | 26 | | |
| 　　　　　　无法收回的长期股权投资损失 | 27 | | |
| 　　　　　　自然灾害等不可抗力因素造成的损失 | 28 | | |
| 　　　　　　税收滞纳金 | 29 | | |
| 三、利润总额（亏损总额以"－"号填列） | 30 | | |
| 　减：所得税费用 | 31 | | |
| 四、净利润（净亏损以"－"号填列） | 32 | | |

# 主要参考文献

［1］中华人民共和国财政部．企业会计准则——应用指南［M］．北京：中国财政经济出版社，2006.

［2］中华人民共和国财政部．小企业会计准则［M］．北京：中国财政经济出版社，2011.

［3］中国人民银行会计司．支付结算制度汇编［M］．北京：新华出版社，1997.

［4］张颖萍．基础会计实训教程［M］．上海：上海财经大学出版社，2009.

［5］金玲，杨蕊．会计模拟实习（手工操作）［M］．北京：电子工业出版社，2009.

［6］李冠军．会计基础实训教程［M］．北京：中国人民大学出版社，2009.

［7］来爱梅．基础会计学习指导与实训［M］．北京：北京理工大学出版社，2009.

［8］陈国辉．基础会计实训教程［M］．3 版．大连：东北财经大学出版社，2012.

［9］李占国．基础会计学综合模拟实训［M］．2 版．北京：高等教育出版社，2010.

［10］蔡秀勇．财务会计分岗位实训［M］．武汉：华中科技大学出版社，2007.

［11］黄明．企业会计模拟实训教程（单项实训）［M］．5 版．大连：东北财经大学出版社，2013.

［12］白媛媛．凭证、票据、账簿、办税有问题找我［M］．北京：经济科学出版社，2008.